——— 经济学名著译丛 ———

簿记论

〔意〕卢卡·帕乔利 著
林志军 李若山 李松玉 译
常勋 葛家澍 校

Particularis de Computis et Scripturis

商务印书馆
The Commercial Press

Luca Paciolo
Particularis de Computis et Scripturis
1494

卢卡·帕乔利

图 1 卢卡·帕乔利和他的朋友乌比诺公爵盖杜巴尔多

图 2 《算术、几何、比与比例概要》的扉页

中 文 版 序

尽管会计的起源很早，但现代意义上的会计却应从人们学会用复式簿记来记录经济活动时算起。复式簿记是文艺复兴时代的产物，是一个巧妙的科学核算系统。它自从被推广应用以后，备受各界著名人士的赞扬。德国诗人、文学家、哲学家歌德（Goethe）形容复式簿记是"人类智慧的绝妙创造之一，每一个精明的商人从事经营活动都必须利用它"①。数学家凯利（Cayley）认为，复式簿记原理"像欧几里得的比率理论一样，是绝对完善的"。②经济史学家桑巴特（Sombart）说："创造复式簿记的精神，也就是创造伽利略和牛顿系统的精神。"③也许会计学家黑泽清的描述有些夸张，但却深刻而具体。他在《改订簿记原理》中写道："在复式簿记出现以前，世界上不存在所谓'资本'的概念。或者说，倘若没有复式簿记，就没有'资本'的出现。"④又说：与此同时，复式簿记还创造出资本主义"企业"的概念。黑泽清对复式簿记的评价，主要是引用了西方学

---

① C. R. Niswonger, P. E. Fess, *Accounting Principles*（《会计原理》），1977年版，第2页。

②③ 〔美〕井尻雄士：《三式记帐法的结构和原理》，娄尔行译，立信会计图书用品社1988年版，第1页。

④ 〔日〕黑泽清：《改订簿记原理》，1951年版，第一章第一节。

者的看法。不过这都是他深表赞同的。所谓复式簿记可以创造"资本"和"企业"这些概念，当然带有文学夸张的味道。这只是说，人们实际上是通过复式簿记中的资本和其他账户，才有可能从量上把握资本并具体证实作为经营实体的企业的存在。正如马克思指出的那样：资本价值"在它循环时都要经过不同的存在形式。这个资本价值自身的同一性，是在资本家的账簿上或在计算货币的形式上得到证实的"[①]。

人们赞美复式簿记绝不是偶然的。它历时500年而至今仍为现代会计记录部分的支柱，证明它的科学性经过了长时期的历史考验。美籍日本著名会计学家井尻雄士把复式簿记的优点作了比较全面而深刻的阐述。他说："人们说到复式簿记(double-entry bookkeeping)的长处往往只从小节着眼，说它因为一笔数目登记二次，可以通过计数核对而减少差错。其实远非如此。在单式簿记下，一家企业的现状，只能用现有财富的一套账户来表示。而复式簿记却迫使人们以一套适当的资本账户，来'算得'现状。资本账户记录了导致现状的各种过去业务。所以，经管责任(accountability)乃是复式簿记制的核心。""更重要的是，在复式记账制(double-entry system)之下，从过去算得现在的会计，不是碰巧地、随意地完成的，而是完全地、有系统地完成的，因为不然的话，两方就失去平衡了。复式簿记制最基本的贡献就是它让经理和会计人员经受这种压力，一定要交代财富的变化。"[②] 另一位日本会

[①] 马克思：《资本论》第2卷，《马克思恩格斯全集》第24卷，第171页。
[②] 〔美〕井尻雄士：《三式记帐法的结构和原理》，娄尔行译，立信会计图书用品社1988年版，第13页。

计学家泮口一雄也说：复式簿记的本质职能是"期间损益的测定"。复式簿记虽然在资本主义时代到来之前已经出现，但它却为资本主义时代的到来准备了一个完美的经济信息系统。难怪还有人说："如果没有复式记账，资本主义恐怕是建立不起来的。"①

复式簿记对于促进商品经济的发展，具有不可磨灭的功绩。如果把复式簿记同文艺复兴时期先后发明的时钟、显微镜、金属活字印刷技术等相提并论，它也当之无愧。可是，复式簿记究竟创始于何时、何地？发明者是谁？迄今还是一个未解之谜。当然，会计史学家们希望通过对文物的发掘与考证，最终能弄清楚这个问题。不过人们现在对此并不感到遗憾。因为15世纪意大利的一位杰出的数学家、思想家卢卡·帕乔利把人类创造的这份宝贵的精神财富——记录与计算技术——及时地加以整理、概括和发展，使其完美地保存下来，并向欧洲和世界介绍，一直流传到现在。

复式簿记从萌芽到比较完备，大致经历了300年左右。最早流行于佛罗伦萨的形式仅限于记录债权、债务；后来在热那亚应用的账簿已把记账对象扩大到商品和现金。比较完备的复式簿记是威尼斯盛行的方法。威尼斯的簿记，除记录债权、债务、商品和现金之外，还设立了"损益"和"资本"账户。卢卡·帕乔利总结推广的复式簿记，正是当时已臻于最完美形式的威尼斯簿记。今天我们仍然遵循的复式簿记的基本原理和规则，在卢卡·帕乔利的《簿记论》中几乎已囊括无遗。如果说，以威尼斯的簿记为代表的复式簿记是一个了不起的创造，那么，卢卡·帕乔利却进行了再创造。他不仅

---

① 上引见《会计研究》1982年第1期，第55页。

通俗而详尽地描述了威尼斯复式簿记中的账簿体系、记账方法和主要业务的记录，而且加以必要的总结与提炼，他把复式簿记原理和方法的精华，再现于他的著作之中。例如，认为簿记的目的在于及时向商人提供资产、负债和损益等信息的思想，以及把合伙经营实际上视为一个"会计主体"，要求对合伙人所有的现金、房地产、应收账款等既借记有关资产账户，又按同等金额贷记合伙人的资本账户的思想，在其《簿记论》中都已或明或暗地得到反映。即使受当时的历史局限和中世纪意大利城市存在着多种货币等特殊经济条件所限制，帕乔利没有也不可能明确提出经营连续性、会计分期、以统一的货币为记账单位等会计概念[1]，他仍然在分类账结账时谈到会计的年度问题[2]，在登记分录账时要求详细记明货币种类及其兑换价值的问题。这些问题，都给后人以启迪，为进一步完善、改进和发展复式簿记留下了余地。

迄今为止，现代会计离不开复式簿记，而复式簿记则离不开卢卡·帕乔利。只要有一点会计史常识的人们都懂得：帕乔利的名字，是同复式簿记和建立在复式簿记基础上的现代会计，紧紧连在一起。帕乔利的《簿记论》是否算是第一本描写复式簿记的著作可能仍有争论，但不管其结论如何，都不会有损于帕乔利这部脍炙人口的会计著作在会计发展史中的地位及其巨大深远的影响。帕

---

[1] 例如第十二章中，帕乔利写道："……说明你对每个项目计价时所使用的各种货币单位。不过，在计算价值总数时，只能采用同一种货币单位，因为不同种类的货币不适于汇总合计。"（第35页）

[2] 例如第二十九章中，帕乔利明确地说："每一年都结清账簿是一个好办法，当你与他人合伙经营时尤为如此。"（第80页）

乔利作为"现代会计之父"是当之无愧的。正如美国几位会计学家对他的评价：

"牢记1494年。会计人员应当不会感到困难，因为这个年份紧靠1492年，而1492年是哥伦布发现新大陆的一年。在会计的发展史上，1494年是一个具有重要意义的年份——不是因为它表示簿记的产生，而是因为在这一年意大利出版了第一部有关簿记的论著。"[1]

"1494年在威尼斯由卢卡·帕乔利出版的《算术、几何、比与比例概要》是第一本描述复式簿记制度和提供会计记录论据的著作"，"虽然帕乔利不是复式簿记的创始人，但他的著作却把复式簿记的利用推广到全欧洲。"[2]

"卢卡·帕乔利被认为现代会计之父，是因为他（描述）的威尼斯方法随后就变成了教科书的模式，为期超过了200年。"[3]

"不用说，卢卡·帕乔利1494年在威尼斯出版的关于《算术、几何、比与比例概要》一书，对复式簿记来讲，具有里程碑的性质。"[4]

---

[1] A. C. Littleton, V. K. Zimmerman, *Accounting Theory: Continuity and Change*（利特尔顿、齐默尔曼：《会计理论：连续性和变更》），1962年版，第1页。

[2] Eden S. Hendrikson, *Accounting Theory*（亨德里克森：《会计理论》），1977年第3版，第35—36页。

[3] Kenneth S. Most, *Accounting Theory*（莫斯特：《会计理论》），1982年第2版，第35页。

[4] 〔美〕井尻雄士：《三式记帐法的结构和原理》，娄尔行译，立信会计图书用品社1988年版，第1页。

帕乔利的著作已经被译成英文、德文、法文、俄文、日文及意大利文等若干版本，在全世界各国广为流传。在我国，至今还没有一部完整的中文译本。我国会计界人士，对于卢卡·帕乔利这个名字，对于载有他论述复式簿记的《算术、几何、比与比例概要》这部书，对于1494年这个会计发展史上的重要年代，也是相当熟悉的，然而广大会计工作者却没有机会一读帕乔利论及复式簿记的原著，不能不说是一件憾事！

感谢日本九州大学经济学部西村明教授。在我们通过学术交流建立了友谊之后，承他赠给我九州大学图书馆藏书《帕乔利簿记论》的复印本。这部书是由美国 R. G. 布朗博士和 K. S. 约翰斯顿博士用现代英文译成的帕乔利关于计算与记录要论的全文共三十七章，以及另外三个部分组成。此三部分为：一是帕乔利的画像及其说明。这个画像是珍藏在意大利那不勒斯国立博物馆中名画的影印件。帕乔利这幅画像之所以珍贵，不仅是因为画像栩栩如生，反映了帕乔利生前的风采，而且因为画面中帕乔利书桌上用书夹扣合的原著，据考证，可能就是《算术、几何、比与比例概要》。二是帕乔利生平及其著作的详细介绍。从介绍中我们了解到，帕乔利与同时代一些著名人物有着友好的交往，他们共同活跃在意大利文艺复兴时期的历史舞台上，为欧洲和世界文明作出了各自的贡献。三是该书附有帕乔利原著拉丁文的全文。这也是具有历史价值的文献。

为了使这部名著尽快地公之于众，林志军、李若山、李松玉三位年轻同志，怀着浓厚的兴趣，把它译成了中文。在由林志军博士初校后，常勋教授进行了详细的校阅。我只是作为翻译这本书的热心赞助者。

  我们现在所看到的复式簿记论著，不论在原理还是技术的任何方面，较之15世纪的威尼斯簿记，其完善、科学和精巧的程度，不知要超过多少倍，这是毫无疑问的。可贵的是，翻开500年前帕乔利的著作，关于簿记最基本原理和基本程序的阐述，同现在的论述却有着惊人的相似。可见，数典不能忘祖。科学技术的一个重要特点就是它的继承性。为此，我写了这篇比较冗长的序。

葛家澍

1987.4.16

中文版前言

作为数学名著《数学大全》中应用数学的逻辑构成部分,《簿记论》比较系统地阐述了簿记学的基本原理与商业簿记实务,它是世界上最早研究复式簿记的光辉著作。

《簿记论》共分为三十七章与三个附录,系统地研究了复式簿记的基本原理、基本方法与实务处理。其研究蓝本是以威尼斯商业簿记为主的意大利三式簿记,其研究目标定位于为商业、银行业服务,其研究创造性地体现了理论与实务的结合。以下从簿记理论、复式簿记方法与实务处理相结合的方面,来研究与总结《簿记论》中的精辟论述及书中所体现出来的簿记科学的学术价值。

一、论商人与簿记的关系

帕乔利指出,一个成功的商人必须具备三个基本条件。他认为,在具有一定经营实力的前提下,坚持良好的信用便成为经营取胜的关键。帕乔利讲的商业信用是与记账责任联系在一起的,这一点直接影响到后世会计中所讲的受托责任(accountability),正是从这一点出发,可以讲,复式簿记制度是建立受托责任理论的起点。论及三个基本条件,帕乔利认为:首先,作为簿记的信用与责任,关键便在于坚持记账规则,正确、真实地处理好账目;其次,商人必须是精明的簿记员,要善于应用数学,遵守规则,精于计算,只有这样才能成为行家;最后,要应用借贷记账法,使账目记录有条不紊,使经营者能一目了然,以此掌握自己的经营活动。帕乔利强调以上三个条件,事实上是强调了簿记对于经营的重要性,科学的簿记是商人从事经营不可或缺的。

二、论商人应注意把握的财产权利

帕乔利强调商人对经营活动中的财产管理,让其关注自己的财产权利,达到获取合法、满意利润的目的。这方面重要的工作有两项:一是要进行财产盘存,对自己的财产要心中有数;二是要精通如何编制好"财产目录",明了自己的动产和不动产,这些要依次填写,不要遗漏,以便于管理。要写清年、月、日、地址及姓名,明确财产占有对象,以便于明确财产的归宿。帕乔利最早从簿记的角度认识到产权管理的重要性,他既从原理上,也从财产盘点与"财产目录"编制方法上,把簿记原理与实务处理结合起来。在《簿记论》的第三章,他既从动产与不动产方面,也从人欠、欠人的债权与债务方面,一一说明"财产目录"的编制方法。而在第四章又从对成功商人训诫与忠告的角度,阐明了"财产目录"的编制原理与原则。他认为,即使占有一万项财产,也要仔细地逐项进行记录;要明确财产的状况与性质;要注明全部附加符号与各项财产的全名,并尽可能加以说明。这些论述对后世也具有永久性影响,直接影响到后来关于财产管理与财产报告体系的建立与发展。

三、论"三账"设置与复式记账平衡原理

帕乔利围绕财产占有状况及其在经营中的变化,论述了账簿设置原理与基本体系。从重要性出发,帕乔利把"账务处理"看作是一个独立的部分。他认为要理解与处理好账务,商人须设置三种主要账簿:(1)备忘簿或称黏存簿、杂记簿、草账。这种账簿的特点是随时记载所发生的一切簿记事项,不能发生任何漏记;须按照发生的时间顺序进行详细记录,要始终保持序时记录规则;要使它起备忘作用,便于随时查阅。此外,事实上最初备忘簿还起到原始凭证的作用。(2)分录账。帕乔利认为它是一种秘密性账簿,因此,可以将全部财产目录中的全部动产和不动产记入,可以发挥比照作用。分录账记录的基本特点在于:①外形要美观整齐,记录要简明扼要,语句使用既不能过多,也不能过少,表达要恰如其分。②使用"借""贷"两个标语,一为借方,以"Per"表示,一为贷方,以"A"表示。帕乔利指出,这两个符号流行于威尼斯。③每笔账要区分借贷进行记录,须坚持有借必有贷的对应原则,要防止遗漏。④一定期间这种复式记录处理结果,必然是借项记录等于贷项记录,也只有如此才能进行结算。(3)分类账或总账。这是整个账簿设置的落脚点,是其后编制"试算表"的基础。由分录账记入分类账的每笔分录,必须分两次过入,一次过入借方,另一次过入贷方。在分类账上,借方账项在左边,而贷方账项在右边。分类账金额的平衡在于遵循了有借必有贷的记账规律,即使有一万项记录处理,借贷双方之记录也要在一张纸上实行总结算。如果两方合计数不相

等，那么必然是分类账上的记录出了错误。关于分类账的作用与相关方面之关系，《簿记论》除在第十三章、第十四章讲到之外，第十五章及以后的许多章节都反复涉及。可见，帕乔利特别注重对分类账的原理及其作用的研究，分类账使"三账"贯穿起来，其结果涉及借贷账目的平衡。

在阐述中，帕乔利把借贷记账法的应用与账簿设置的应用融合在一起，在"三账"中又突出了借贷记账法的操作原则及其记账、平衡原理，既强调了借贷记账原理的重点，而又相应地列示出记账处理实例，体现了理论与实务的密切结合。同时，帕乔利从数理与商业经营的结合点上把握了账账之间的逻辑关系，他对簿记原理的论述是系统的，对实务处理的交代也是系统的，并且具有承上启下的作用，使阐明的问题之间勾连环节，对借贷复式簿记的研究由局部逐步推进，到最终展现全局，这些对后世簿记理论与方法乃至会计理论与方法的发展始终具有基础性影响。

四、论"借""贷"记账符号

《簿记论》第十一章由分录账之记录方法，引出"借""贷"两个标语或符号的使用法则，说明它们在分录账与总账处理中所具有的特定意义。从规则上讲：(1)规定标号应书写在每笔分录的开头，先说明借方，然后再说明贷方，在账目处理中两者是对立统一关系。(2)按照"借""贷"性质的区别和簿记事项的具体内容，相对应的账户必然归其于一方，遵循有借必有贷的记账法则。(3)账目处理的表现方式，借方可能是一个或一个以上的借主，贷方可能是一个或一个以上的贷主。(4)两个标号的应用贯穿始终,从分录账记录处理,到总账记录处理保持一致性,它们在集合账目、结算账目中起着重要作用。以上原理正是借贷记账法命名成立的基本原因,帕乔利对借、贷标号原理的交代既简明扼要,又把标号使用原理与分录账、总账处理原理的阐述关联在一起,并使这两方面的原理自始至终保持一致,从而科学而系统地表现了复式簿记法的基本精神。

五、论账户设置与总账中的分类核算

帕乔利讲,账户设置集中于总账之上,由分录账转记于总账,既要区分借贷,而又要按账户设置对号入座。帕乔利认为,商业经营特点与对其进行考核的状况,决定了须在总账中进行账户分类,在这种账户分类中明确各账户之间的关系是十分重要的。对《簿记论》中所讲账户设置情况可作如下归纳:(1)"资本"账户与"现金"账户设置,作者将其列入重要账户设置之类。从举例中可见,这些账户对簿记事项具有一定程度的统驭性和概括性。(2)物名账户设置,诸如"珠宝""银器""羊毛衣"等等。不过,虽然文中提及"商品账户",但实际上在实例列举中尚未从分户方面作出这样的概括。(3)人名账户设置,诸如"杰·安东尼奥""盖欧里莫·里普麦尼先生"账户等,系用于对人欠、欠人关系账务处理的表述。尽管文中提及"往来账户",但在分录举例中也未作这样的概括。(4)账户设置进一步集中体现在第二十二章。其一,"营业费用"账户设置,在具体应用中具有统驭性与概括性;其二,通过家庭经常费与临时费之类的账户设置,把公用费与私用费分别开来;其三,"现金收入"账户与"现金支出"账户设置,体现出对现金管理的重视;其四,与费用类账户设置相关联,阐明了"损益账户"(又称"利润和亏损账户"或"利得和损失账户")的设置,这种账户设置具有总体性意义,它关系到一系列账户,故其统驭性作用最强。作者在第二十五章讲到分类账中的常设账户,并明确是指收入类与费用类账户,它们与损益计算密切相关。尤其是在第二十七章和第二十八章两章中又特别讲到"损益账户"的应用,其他各相关账户如何向"损益账户"结转,如何结平"损益账户",以及最后如何将余额转入"资本账户"。帕乔利认为"资本账户"是其他账户的最终归结。账户的最终结清,无论对于追究记账差错,还是检查平衡结果,或是盈亏计算都有关系,它既涉及一个旧的簿记年度的结束,也关系到一个新的簿记年度的开始。(5)第二十一章对"合伙经营账户"的特别研究。帕乔利特别强调在账簿中要把"合伙经营账户"与自己的"资本账户"分开登记,并在分录账中简要说明经营细节,注明合伙人之间签署的契约与相关文件,尤其是对合伙经营的债权与债务关系要明确。帕乔利对这一问题的高度重视,表明他对财产权益关系管理问题已有十分明确的认识,账户随着所有权与经营权问题的发生,要恰当进行分设,使账户设置和核算与管理相适应。从当时讲,这种思想与做法是十分进步的,它深刻地影响到产权会计核算和控制思想与行为的深入而系统的发展。

  综上可见,在账户设置方面,帕乔利从理论与实务两方面作了较为系统的研究,其观点为其后账户或科目设置理论与实务的发展奠定了基础。尤其是在对账户设置的科学性把握方面,帕乔利还认识到对账户名称的科学抽象与概括问题,并初步注意到账户的统驭性作用问题。在账户设置体系形成方面，他初步通过账户各自的作用及其相互关系来进行分类，并把这个体系运作的落脚点放在"资本账户"方面，使总账中的账户结算为试算平衡服务。

六、论"平衡试算表"编制原理

帕乔利认为，按照借贷复式簿记的记账原理，循着"有借必有贷，借贷必相等"的账目处理规则，总账中的全部记录，如无处理差错，最终借、贷两方的结算必然走向平衡。而验证账目最终是否达到平衡，应用"试算表"编制方法便是最好的一个途径。帕乔利认为，"试算表"的编制，首先是使总账达到平衡，而总账达到平衡又依靠由分录账区分借贷进行的正确转账。帕乔利在第三十四章所讲各账借贷两方"余额总计的试算表"原理，对其后追求产权价值运动的平衡原理是极其重要的启示。从第三十章到第三十四章，帕乔利从对平衡原理的阐述出发，阐明了如下公式：

一人所有财物＝其人所有权之总值

在后来会计学者的理论研究中，论及财产价值运动在一定时期内的货币表现，便是忠实于这一基本原理的。总财产状况与所有权的平衡公式，是其后所有会计方程式产生的历史根源。帕乔利簿记思想的精华部分便在于他对财产与产权关系的这一认识。后来，他的这一思想得到继承者不断发展，最终成为在产权会计中占主导地位的思想与制度及方法。

七、关于簿记凭证的重要性及其作用

在第十章，帕乔利认为，商人不仅要正确记录好账簿，而且要重视与财产相关的书面凭证。对于财产凭证和一些信件，以及一些零星单据都要集中存放与妥善保管，以待随时清查，保障财产的安全。在第三十五章，帕乔利又专门阐述了有关付款单据的底稿、汇票或商品收据，以及机密信件等的保存方法和顺序，其中尤其指出要注意对与债务人账户有关的函件副本的保管，将其存放在更为机密的地方。帕乔利不仅把这些原始凭证的重要性与财产安全的重要性等同对待，而且是从契约与诚信的高度来看待这一问题的。他是把原始凭证作为一种簿记方法与相对应的账目记录联系在一起的，并已初步认识到在簿记的方法体系建立中，实现证、账、表的结合与保持它们的一致，是使这种方法体系具有科学性的根本体现。

八、关于"摘要书"或"计算书"的编制

帕乔利在第三十章的研究中，论及委托代理关系与债务关系，阐明了"摘要书"（摘录单）或"计算书"的编制方法，他认为，通过"摘要书"或"计算书"，财产所有者与管理人可便捷地了解全部相关信息，并与自己掌握的账簿资料相核对，以明确债务关系者或代理人的责任。尽管这种"摘要书"或"计算书"的编制尚处于簿记报告编制的初始阶段，但帕乔利对其中体现出来的精神的认定与对账表关系的阐述，却充分说明了"摘要书"或"计算书"编制的重要

性。显然，这一点对其后两权分离经营形式普遍化与债权、债务关系复杂化之后，"资产负债表"与"损益计算书"等报告的编制具有直接影响。

卢卡·帕乔利《簿记论》的问世，开辟了人类会计发展史上的新时代，它对近代乃至现代簿记或会计思想、方法，以及簿记或会计教育事业的发展都具有重要影响。在会计发展史上，《簿记论》是一部永远也不会过时的著作。

九、《簿记论》是簿记学建立的奠基之作

《簿记论》是人类簿记学乃至会计学产生与发展的奠基之作，它使簿记学乃至会计学得以立位于人类科学的殿堂，成为管理学发展中的一个重要部分。

十、《簿记论》构建了科学复式簿记制度的方法技术体系

《簿记论》首次从簿记原理方面阐明了科学复式簿记的方法技术体系，使各种基本方法密切关联，形成逻辑性很强的整体，这一点不仅使它对此后的簿记或会计实务处理起到了指导性作用，进而促进了工商业与金融业的发展，而且促使人类的簿记或会计在根本上从仅凭口授心会的状况中摆脱出来，使簿记人才的培养有了科学的依据。

十一、《簿记论》在传播簿记学说中的伟大作用

《簿记论》是传授借贷复式簿记的播种机，它把地区的科学转变为世界的科学。正是在它的基础上，复式簿记的理论与方法技术得以持续发展，并迎合了早期市场经济发展的需要，最终先在欧洲范围内，其后在美洲、亚洲乃至在五大洲范围内，逐步发展成为一门完善的科学。

十二、《簿记论》开创了世界近代簿记教育历史的新篇章

《簿记论》是世界簿记乃至会计教育事业发展的根基，是世界上最早把簿记理论与簿记实务密切结合，系统阐明簿记学原理的教科书，后世的会计学原理乃至一系列会计专业教科书都是以它为立论依据发展起来的。

十三、《簿记论》开创了数学原理与簿记学原理结合研究的科学模式

《簿记论》是把簿记作为应用数学的一种来进行研究的，它既以精确的计算作为簿记的基本原则，由此把数学与簿记学在研究中融合为一体，而又以数学的基本原理引导簿记学原理的构建，进而

通过簿记学把数学的作用引向为社会经济发展服务的方面。自此，数学作为簿记学或会计学发展的一大支柱被确定下来，簿记学或会计学越发展，数学对于簿记学或会计学越重要。

十四、《簿记论》树立了簿记或会计的产权控制观

《簿记论》首次把产权问题与簿记密切关联起来，把法学中的产权原理通过簿记落实到早期市场经济运作的实践方面，并明确了簿记在落实产权、保障财产权益方面的基础性作用。自此，产权便成为簿记或会计的反映与控制对象，成为簿记学或会计学得以深入发展且持续发展的推动力。此后，法学中的产权理论也成为促进簿记学或会计学发展的一大支柱。同时，《簿记论》在研究中，围绕商业经济与财产权益问题，揭示了在资本、资产、负债、损益各要素之间客观上存在的借贷平衡关系，并把数学中的平衡法则与平衡原理应用于复式簿记的定期结算，使其沿着对应转账的路径，顺理成章地走向试算平衡，最终把考核的重点落实到业主权益方面，从而集中体现了簿记或会计对于产权的反映与控制，以及体现在维护财产变化及其权益中的不可替代的基础性作用。

十五、《簿记论》建立了簿记学或会计学第一方程式

根据复式簿记平衡原理与数学中代数方法的结合，帕乔利创建

了簿记学或会计学上的第一方程式:"一人所有财物=其人所有权之总值",这一公式对后世会计方程式的发展产生了根本性影响。

十六、《簿记论》首次提出了与簿记相关的重要原则

与簿记对财产处理的问题相关联,《簿记论》在第四章集中对所有者提出了几点忠告:(1)在财产账目处理的正确性方面,要具有比杰出律师还要精于计算的技能,在借贷往来关系处理上"法律只有助于清醒者,而无益于昏聩者"。(2)要防范风险,应对各种威胁。帕乔利认为:把商人比作公鸡是恰当的,它在所有动物中是最警觉的,并且彻夜不眠。他还强调,要敏锐地观察问题,"商人要具有一百只眼睛"。要熟知相关的规则和条例。他还虔诚地引用神殿里的唱词:"上帝许诺,桂冠应给明白人。"(3)要勤奋,他引用意大利诗人的话讲:"你不应停止干活。战神绝不会将胜利赐予贪图安逸之人。"(4)要坚持稳健经营的原则,这一点不仅局限于簿记。帕乔利把经营原则问题与簿记原则问题关联在一起进行研究,向后人明示了一个最基本的道理:商业经营管理活动与簿记管理活动是密不可分的,商人不能把簿记单纯只看作为一门技术。

十七、《簿记论》研究的历史局限性

必须指出,由于处于刚刚起步时期的市场经济发展水平的限制,《簿记论》对复式簿记的研究还存在比较大的局限性,其主要方

面在于:(1)在总体上对账户的设置尚缺乏抽象的概括,对主要账户统驭性作用的认识尚停留在初期,故最终未能明确强调科学账户体系的构建及其在账、表应用中的一致性问题。(2)簿记报告的编制尚停留在"试算表"阶段,故未能明确"资产负债表"与"损益计算书"的编制。(3)尚未提及决算期的"财产目录"编制。当然,书中在研究相关问题时,对其中一些问题的明确也具有提示性意义,它给后世继承者进一步展开研究以重要启示。

帕乔利的《数学大全》把欧洲的数学向前推进了一大步,它是意大利文艺复兴晚期的光辉著作。就其中的《簿记论》而言,它对于欧洲簿记由一个旧时代向一个新时代的转变具有分水岭意义。对于帕乔利,青年学者文硕曾经有一个恰当的比喻:帕乔利就像古代意大利的雅努斯(Janus)神一样,有两张脸,一张脸向后,朝中世纪的簿记作最后的礼拜,而另一张脸则面向簿记的未来,并向一个新时代发出召唤,成为这个新时代的开路人。

郭道扬

2009年12月

译者的话

复式簿记是现代会计的一个最基本特征,盛行 500 余年而至今不衰。现代会计发展史证明它不愧为"人类智慧的绝妙创造"(歌德语)。然而,复式簿记如何产生?人类社会生产实践中的这一专门簿记技术方法又在何时或怎样上升为理论,从而逐步流行于全世界?这些问题是学习会计学所必须掌握的基本知识。了解一门科学或一种职业的过去,无疑有助于对其现状和未来的掌握。

目前,世界各国普遍公认卢卡·帕乔利[①]是"现代会计之父"。他在 1494 年发表的《算术、几何、比与比例概要》中的第三篇"计算与记录要论"(通称"簿记论"),是第一本系统论述复式簿记原理及其运用方法的经典名著,它对现代会计的发展作出了卓越的贡献。显而易见,帕乔利的生平及其原著的内容,长期以来都吸引着世界各国会计学界。这部会计名著已经先后被翻译成十几种文字版本流传于世。可是,虽然我国的会计学教材和论著中广泛地引述了这一历史,但到目前为止,我国尚未见到帕乔利的原著,也难以见到它的各种译文版本。这的确是很遗憾的。

[①] 原中译本译为"巴其阿勒",再版时改译为"帕乔利"。本书初版于 1988 年 8 月,译名为《巴其阿勒会计论》,由立信会计图书用品出版社出版。——编者

1985年，日本九州大学经济学部西村明教授来我国访问，并到厦门大学进行了学术交流。回国后，西村明教授向厦门大学经济学院葛家澍教授赠送了这部会计学名著英文版的复印本。为了使我国会计学界了解帕乔利原著的内容、含义及其重要学术价值，我们在导师葛家澍教授的热情支持下，合作译出了该书的中文版本。

这部书的英文版本是美国斯坦福大学工商管理研究生院的R. G. 布朗博士和美国西北大学工商管理研究生院的K. S. 约翰斯顿博士合作翻译和编辑的。全书分为三个部分。第一部分介绍帕乔利的生平及其撰著背景；第二部分是帕乔利原著中"簿记论"的英文译文；第三部分是帕乔利1494年原著的影印件（其中封面扉页为1523年第二版）。我们只对前两部分进行了翻译。第三部分的原著为拉丁文，我们译出了影印说明，并选印了原著的扉页，作为珍贵的会计史料以飨读者。

应当说明的是，为了使帕乔利原著易于阅读和理解，布朗博士和约翰斯顿博士的译本已经采用了现代英语。由于这一会计名著发表于500年前，当时的社会、经济和文化背景及习俗都与现在有很大的差异，因此第二部分"簿记论"中仍有一些具体程序或用语不同于今天的会计教科书。但我们认为，这部著作的真正贡献在于它的珍贵的学术价值，即人类历史上对复式簿记的第一次理论概括。所以在阅读这部会计名著时应当考虑其特定的历史环境和背景，而不必囿于个别字面含义或遣词造句习惯。应该看到的是，尽管原著距今已有500年的历史，帕乔利所阐述的复式簿记基本原理与方法，在今天的会计工作中仍然具有普遍的指导意义。

本书由厦门大学经济学院会计系的林志军、李若山和李松玉合作翻译。其中，林志军翻译第一部分[①]，李若山翻译第二部分的第一至十二章，李松玉翻译第二部分的第十三至第三十七章；林志军对第二部分译稿作了初校。全书由常勋教授和葛家澍教授总校阅。

这部经典会计著作中文译本的出版，是与各方面的大力支持与帮助分不开的。特别要提到的是，西村明教授还为我们及时复制英文版中的帕乔利画像及原著扉页的照片以供制版之用；厦门大学经济学院葛家澍教授特为本书撰写了精辟、深刻的中文版序言；常勋教授和出版社的同志对译稿进行了细致的校阅和编辑工作。在此，谨致以衷心谢忱。

由于译者水平有限，译文中难免有不妥或错误之处，敬请我国的会计专家、广大读者指正。

译者
1987年4月于厦门大学

[①] 此次再版时，第一部分作为本书的附录（三）。

目 录

英文版序 ·· A. R. 詹宁斯 1
英文版前言 ····························· R. G. 布朗 K. S. 约翰斯顿 3
第一章 ··· 7
 成功的商人必须具备的条件。威尼斯和其他地方正确设置分类账和分录账的方法。
第二章 ·· 10
 本篇第一部分：财产盘存。什么是财产目录，商人必须怎样编制财产目录。
第三章 ·· 11
 财产目录及其编制手续的实例。
第四章 ·· 17
 对成功的商人的训诫与忠告。
第五章 ·· 20
 本篇第二部分：账务处理。怎样理解账务处理，它包括哪些内容，商人的三本主要账簿。
第六章 ·· 21
 第一本账簿称为备忘簿，或称杂记簿或家务费用账簿。怎样理解备忘簿，怎样登记和由谁来登记。

第七章 ⋯⋯⋯⋯⋯⋯⋯⋯⋯⋯⋯⋯⋯⋯⋯⋯⋯⋯⋯⋯ 24
　　验证所有账簿。为什么要验证账簿，由谁来验证。

第八章 ⋯⋯⋯⋯⋯⋯⋯⋯⋯⋯⋯⋯⋯⋯⋯⋯⋯⋯⋯⋯ 26
　　登记备忘簿的方法及示例。

第九章 ⋯⋯⋯⋯⋯⋯⋯⋯⋯⋯⋯⋯⋯⋯⋯⋯⋯⋯⋯⋯ 28
　　商人购货的九种常用方式。或多或少地需要赊购的货物。

第十章 ⋯⋯⋯⋯⋯⋯⋯⋯⋯⋯⋯⋯⋯⋯⋯⋯⋯⋯⋯⋯ 30
　　第二本重要的业务账簿称为分录账。什么是分录账，怎样有条理地登记分录账。

第十一章 ⋯⋯⋯⋯⋯⋯⋯⋯⋯⋯⋯⋯⋯⋯⋯⋯⋯⋯⋯ 31
　　分录账使用的两个表达符号，它们在威尼斯尤其流行：一个称为 Per，另一个称为 A；应该怎样理解它们。

第十二章 ⋯⋯⋯⋯⋯⋯⋯⋯⋯⋯⋯⋯⋯⋯⋯⋯⋯⋯⋯ 32
　　在分录账中怎样通过借贷分录方法登记和列示各项业务，附例说明。分类账中使用的另外两个术语："现金"与"资本"，应该怎样理解它们。

第十三章 ⋯⋯⋯⋯⋯⋯⋯⋯⋯⋯⋯⋯⋯⋯⋯⋯⋯⋯⋯ 36
　　第三本也是最后一种主要的业务账簿称为分类账。如何借助检索表重复登记，或者不用检索表进行一次登记。

第十四章 ⋯⋯⋯⋯⋯⋯⋯⋯⋯⋯⋯⋯⋯⋯⋯⋯⋯⋯⋯ 38
　　把分录从分录账过入分类账。为什么分录账中的一个分录在分类账中成为两个账项。应该如何注销分录账中的分录。每一分录的旁边应注明两个分类账的页码。

第十五章 ……………………………………………………… 40
现金和资本的分录过入分类账的方法。按照惯例，日期写在账页的上端。日期的改变。如何根据业务的需要，在账页上为大小账户安排空位。

第十六章 ……………………………………………………… 44
有关商品的分录应怎样过入分类账账户的借方和贷方。

第十七章 ……………………………………………………… 47
怎样记录与威尼斯地方当局管辖的市政机构和市立放款银行的往来账目。

第十八章 ……………………………………………………… 49
怎样处理与威尼斯贸易行的往来账目。怎样在备忘簿、分录账和分类账中填制相应的分录。关于借款的资料。

第十九章 ……………………………………………………… 55
在主要账簿中怎样登记以汇票付款或通过银行付款的分录。

第二十章 ……………………………………………………… 57
有关以货易货交易和合伙经营的众所周知的特殊分录；如何将其登入业务账簿。简单易货、复杂易货；在备忘簿、分录账和分类账中的账务处理举例。

第二十一章 …………………………………………………… 60
众所周知的合伙经营账户。

第二十二章 …………………………………………………… 63
有关各种费用的分录，例如：正常的和非正常的家务费用、营业费用、雇员和学徒的工资。

第二十三章 66
　　登记店铺账户的次序和方法。怎样分别记录业主的和店铺的正式账簿。

第二十四章 68
　　将有关银行往来的账目登入分录账和分类账。汇票——或是你同银行往来，或是作为银行家同他人往来。汇票的收据——它们的含义，以及为何要复写双份。

第二十五章 73
　　收入和费用账户：分类账中的常设账户。

第二十六章 74
　　在账簿中怎样作出有关外出经商旅行的记录。为什么必须为此设置两套分类账。

第二十七章 76
　　众所周知的"损益"账户，或称"利润与亏损"账户。在分类账簿中如何设置这个账户。为什么"损益"账户不像其他账户那样列入分录账簿。

第二十八章 78
　　分类账账户的账页填满时，应如何结转。账户结余应转入何处才能避免在分类账中舞弊。

第二十九章 80
　　如果账簿不是每年结清，应如何在分类账簿的分录间改变年份。

第三十章 81
　　如何为债务人或雇主编制账户摘录单，如果你是管理他财产的经理或代理人。

第三十一章·· 83
如何更正一个或多个登错地方的账项。由于疏忽大意，这种错误时有发生。

第三十二章·· 84
分类账簿怎样结账，怎样将旧分类账簿的账户转到新分类账簿：分类账簿与分录账簿、备忘簿及其他凭证的核对方法。

第三十三章·· 88
在结清账簿期间可能发生的交易应如何记录。为什么这时不应在旧账簿中变更或编制任何分录。

第三十四章·· 89
结清旧分类账簿中所有账户的方法。编制列示所有借方余额和贷方余额总计的试算表。

第三十五章·· 94
怎样保存以及按什么顺序保存交易凭证底稿、机密信件、保险单据、诉讼传票、法庭判决和其他重要文件。重要信件的登记。

第三十六章·· 98
登记分类账簿的规则和方法概述。

第三十七章·· 102
应登入分类账簿的项目。

商人需要记录的项目 ··· 105
分类账过账举例 ··· 107

附录

帕乔利的画像说明 …………………………………………… 109

帕乔利原著影印说明 ………………………………………… 111

帕乔利生平及其著作 ………………………………………… 113

英 文 版 序

历史学家并不限于汇编纪事史。他们还具有指挥者的艺术,能通过自己的智慧,增强历史事件的影响。贝多芬乐曲的美妙动听只是潜在的,只有加上托斯卡尼尼(Toscanini)或奥曼迪(Ormandy)的指挥,才显得美妙无比。

人们往往误以为卢卡·帕乔利(Luca Paciolo)神父是复式簿记的创始人。事实上,我们并不知道复式簿记的真正创始者。这一点现在仍然无法确定。即使帕乔利,也没有指明谁是复式簿记的创始者。但是,帕乔利的《算术、几何、比与比例概要》却引起会计学家如此丰富的想象力与兴趣,致使这一著作已不但被译成英文,也被译成荷兰文、意大利文、德文、法文和俄文。

我们怎么能忽视:正是帕乔利在大约500年之前就认识到理论只是在能付诸实践时才有价值;他意识到,对良好的记账系统来说,这条真理也是重要的;他懂得数据字符才是反映信用的唯一可靠的基础;他充分认识到内部控制的重要性;他提醒人们应注意某些商人会"记两套账,一套给买方看,另一套则给卖方看";他提倡对账目进行审核;他还对与政府机关打交道时易犯的错误提出告诫。

回顾历史既能说明个人的成长,也能证明一种专门职业的成熟。人们只有把过去、现状和未来的发展相联系,才能真正理解他们各自从事的专业。

每一个希望掌握会计学的学生，每一个讲授会计这门学科的教师和每一个愿意真正理解自己的职业的执业会计师，都有必要阅读这本介绍帕乔利生平及其著作的具有重大意义的小册子。

A. R. 詹宁斯（Alvin R. Jennings）

英文版前言

和其他专门职业一样，会计有着丰富的历史遗产。会计的发展非常类似成文法律，它们都是对随着语言与技术的变化所产生的商业需求的反应。然而，令人惊讶的是，尽管复式簿记已经盛行500余年，它的基本原理仍然未变。当今的会计系统能以令人难以置信的速度处理数据，但是复式簿记系统依旧适用，并能继续适应"现代的"其他会计技术的发展。

这本书介绍卢卡·帕乔利以及他对会计职业发展的卓越贡献。帕乔利是目前可确定的第一位发表论述复式记账著作的作者。这些论述以专门篇章的形式编入他的《算术、几何、比与比例概要》一书，该书于1494年在威尼斯出版。

毫无疑问，这是至今最为著名的一本会计著作出版物。帕乔利著作中的许多段落，仅需加以个别文字修改就可以编入现代的会计教科书和论著。他在著作中总结的复式记账的"原理"和"规则"，仍普遍适用于现代的会计实务。

遗憾的是，这部最著名的会计著作又是如此罕见，以致多数的会计界人士未能读到此书。哈佛大学工商管理研究生院克利斯图书馆馆长多萝西娅·里乌斯夫人（Mrs. Dorothea Keeves）为我们提供了机会，使我们有幸首次见到《概要》一书的第一版和第二版的版本。有鉴于此，以及为满足加利福尼亚大学伯克利分校研究生对会计历史的兴趣，我们编写了这本小册子。

了解作者的生平才能更好地鉴赏和理解其著作。因此，本书第一部分着重介绍帕乔利著作的意义，他的早期生涯，以及成为著名学者的经历，同时还讨论了形成帕乔利品质的社会和经济环境影响。在第一部分之后，编入了帕乔利簿记论的现代译文，原版本的复印件，最后是参考文献。

我们在编写此书时遇到两个突出的问题：

（1）撰写的大部分文字必须易于理解，但其表述又要符合所取得的全部史实。

（2）必须在枯燥的反复说明的史实与生动的但又空泛的论述之间进行恰当的平衡。

为了达到这两条标准，我们不得不改编过时的原文词语，用现代英语来重新塑造帕乔利。这样处理的最大危险是原文的"风韵"将会消失。但我们已尽力保留这种原来的"风韵"，并使帕乔利的原著易于阅读。

在 20 世纪，有过帕乔利原著的两个英译本。一个是 1924 年的皮尔特罗·克里弗利（Pietro Crivelli）的译本，另一个是 1914 年的约翰·B. 盖吉斯彼克（John B. Geijsbeek）的译本。克里弗利译本尽量直译原著，盖吉斯彼克则试图提供较通俗易读的译本。我们的译文除了使用现代英语词汇外，还尽可能地澄清过去译本中的模糊之处。

在此，我们谨向克利斯图书馆馆长里乌斯夫人和哈佛大学贝克图书馆工作人员 L. J. 基普先生表示衷心的感谢。他们对这本书的编写给予大力支持,并允许我们复制帕乔利著作原版本和第二版版本。此外,里乌斯夫人还为我们提供了许多技术性帮助。我们还要向安·布朗、吉尔·哈利戴和鲁斯·戴卫斯致以谢意,她们为本书的编写作了大量的打字工作。

帕乔利在他的写作和讲学生涯中,一向希望能够引起更多人的兴趣,而不局限于同行中的学者。我们的首要目标就是遵从帕乔利的意愿:首先,将这部名著贡献给大众;其次,使它成为人们能够阅读和喜爱的学术文献。

R. G. 布朗(R. Gene Brown)
K. S. 约翰斯顿(Kenneth S. Johnston)

第 一 章

成功的商人必须具备的条件。威尼斯和其他地方正确设置分类账和分录账的方法。

在本书已经论述的其他课题之外，我编写了这一非常需要的专门篇章，使得乌比诺公爵①的可贵课题中可能包括成功的商人所要求的全部规则。将本章包括在书中仅仅出于下列原因：它将满足与账户和记录有关的所有课题的需要。因此，我打算提出能使商人有条理地记账的足够的规则。

凡是希望获得经营成功的商人，必须具备三个条件。其中最主要的是现款，或某些与此等值的经济实力。否则，经商将是非常困难的。正如谚语所云："物为万事之本。"许多意大利人只是凭良好的信用而从事大量的商业活动，由于他们能够获得信贷，他们就敛聚了财富。在伟大的共和国里，人们发誓时总是说："以一个良好商人的话保证。"这表明人们对商人的诚实抱有极大的信任。毫不奇怪，因为诚实的确挽救了每一个人，没有诚实，就不可能取悦于

---

① 必须记住，帕乔利曾说明，他的《概要》是献给乌比诺公爵盖杜巴尔多的。因此，帕乔利在《概要》的许多地方反复提到乌比诺公爵。这一"簿记论"篇章也不例外。

如无特别说明，正文中注释均为英译者所加。——编者

上帝。

　　经商必备的第二个条件是：商人必须是精明的会计员和敏捷的数学家。下面将说明每笔交易记录所必须遵守的记账规则和惯例，以便任何细心的读者都能理解并有可能成为行家。由于以下论述涉及对数学知识的理解，故读者必须掌握数学知识（如本书前面各章所述）。

　　经商必备的第三个即最后一个条件是：所有商业事务必须采取有条不紊的方式加以记录，使商人能一目了然地了解自己的经营活动。应该使用借贷记账法，因为借贷记账法是记述经商活动的最有效的方法。这对商人来说是非常重要的，因为如果没有系统的记录而仅凭商人的记忆，那将不胜其烦，也会遇到困难，以致无法从事经营。为此，我在本篇的编排方式上将按照记录各种业务分录的方法，逐步加以论述。虽然我不能全面说明这个课题的所有方面，但细心的读者将能根据自己的特定需要来运用在此论述的各种方法。

　　我在这里采用了流行于威尼斯的记账方式。它显然要优于其他的记账方式，因而最值得推荐。掌握了这种方式后，商人们就能够理解任何其他方式。本篇章将分为两个主要部分：财产盘存与账务处理。我将按照本篇目录的顺序，先后论述这两个部分。

　　如果想懂得怎样使分类账与分录账保持有条不紊，那就应认真加以注意。这里将列举一个刚开始经营的记账实例，读者将有可能从中充分了解有关的过程。我还将解释如何记录有关账户与账簿，使每一事项都能很方便地在其适当的位置上找到。如果每一事项未能记录在正确的位置上，那就会出现麻烦与混乱。恰如谚语所云:"无序则乱。"

如上所述,我将为所有的商人提供一个完整的模式,该模式分为两个主要部分。我将分别详加阐述,以便获得较大的效果。

第 二 章

本篇第一部分：财产盘存。什么是财产目录，商人必须怎样编制财产目录。

首先，我假定每个商人的经营活动都有一个目的，并且是竭尽全力要实现的目的。商人的目的或目标就是获取合法和满意的利润，以便能继续经营。因此，商人在开始记录自己的业务之前，应在每本账簿的扉页上写下上帝的圣名，并必须始终牢记上帝的圣名。

然后，商人必须按如下步骤来编制他的财产目录。首先，应将属于他的一切财产，即个人的动产或不动产，记在一张纸上或单独的账簿上。他总是应先记录那些价值高且易丢失的东西，诸如现金、珠宝和银器等。至于不动产，诸如房屋、土地、湖泊、草场以及池塘等，则不像个人动产那样容易丢失。其次，他必须按照适当的顺序将所有的其他事情填入财产目录。自然，要填上年、月、日，地址，以及本人的姓名。全部财产应在同一天填入财产目录，否则，将来就难于管理。

现在，我将列示一个如何编制财产目录的例子。

第 三 章

财产目录及其编制手续的实例。

以上帝的名义

1493年11月8日，威尼斯

下面是我在威尼斯圣徒街的财产目录。

我本人，或通过簿记员先生[①]系统地记下了我的所有动产与不动产，以及在这一天我欠别人和别人欠我的钱财。

第 一 项

我拥有值××塔卡特的金币和其他硬币的现金。其中包括××威尼斯金币，××匈牙利金币，××教皇的、塞恩那的和佛罗伦萨的大弗洛林金币。其余的是各种银币、铜币，诸如教皇或宫廷发行的托尼、马塞里以及卡林尼，还有佛罗伦萨的戈罗西和米兰的特斯托尼。

[①] 帕乔利在书中都是采用"某某先生"的称谓。我们将这种称谓改为更加熟悉的词语，如"簿记员先生"和"商人先生"。

第 二 项

我有××件已镶嵌和未镶嵌的珠宝,其中有许多粒红宝石镶嵌在平底座和金戒指上,每只重或共计重××盎司、克拉或格令(你也可采用其他的方式来表达)。还有××粒镶嵌的供妇女装饰用的蓝宝石和××粒未镶嵌的红宝石共重××。其余的是总重量为××点(钻石质量单位1点=0.01克拉)的未经雕琢的钻石。

如果愿意,你还可以描述一下其式样与重量。

第 三 项

我有××种类和数量的衣服。

你可说明它们的新旧程度、颜色、衬料和款式。

第 四 项

我有各种诸如杯子、盆碟、容器、汤匙、挂钩等之类的银器。

你要仔细地分别描述和称量每种银器,记下它们的件数、重量、纯度,以及这些银器是威尼斯造的,还是拉古萨或其他地方造的,上面若有标记或印章,也要记下。[①]

[①] 在15世纪的意大利,习惯上对物品都标出它的相应的特征,例如产地。这种习惯流传至今。

第 五 项

我有××棉布和亚麻织品，如床单、桌布、衬衣和手巾。床单中有些是三幅的，有些是二幅半的。还有××臂长的新或旧的帕特恩亚麻布和其他种类的亚麻布。我还有××件新旧衬衣、××股线和××大小的桌布，以及××块小手巾。

你可根据自己的方式来描述这些物品。

第 六 项

我有××件新旧羽毛褥垫、枕头、枕套，分别或共计重××磅。这些东西标有我的记号或其他印记。

第 七 项

在我家里或我的仓库里，存有各种货物。有××箱标有记号的梅吉尼姜片，重量为××磅。

根据它们的标记，详细地说明每种货物，列出这些货物的确切重量、数量及尺寸大小。

第 八 项

我有××箱贝利蒂姜片，××袋长形或圆形胡椒，××捆共重××的桂皮，××桶共重××的丁香（桶装或散装的），××箱共重××的巴西木材，××条共重××的紫檀木与白檀木。

继续依这种方法，按适当顺序逐一登记其他各项目。

第 九 项

我有用于铺盖的各种毛皮。如××块的阿尔培脱尼、普利西或马尔凯出产的白羔羊皮，××块已鞣制或未鞣制的马尔凯狐皮，××块已鞣制或未鞣制的羚羊皮。

第 十 项

我有质地优良的亚美蒂海豹皮和各类貂皮。每种各有××块。

你要仔细并如实地依次描述每个项目。永远以真实作为你的指南。仔细地按数量、重量、尺寸来区分这些项目，因为不论在什么地方，商业经营活动中习惯上总会涉及这三种计量方式。有些东西按千件分类，有的则按百件分类；有些按盎司分类，有的则按磅分类；有的按数量分类，有的按单位（如毛皮制革品）分类，有的则按颗粒（如宝石、珍珠）分类。每个项目都分别加以记录。这些例子能指导你决定其他事例。

第 十 一 项

我拥有一幢房屋不动产。它位于运河对面的圣徒街，与各指明的地点毗邻。房屋共有××层、××间，还包括一个院子、水井和花园。

参照最早和最可靠的有效契约，记录下相邻的房地产名称。如果你在其他地方还有房屋，可用同样方式记录。

第 十 二 项

我有××公亩已耕作的土地，测量后合××塔弗尔、××卡尼、××派梯基或××贝佛钦。

根据你的居住地或土地所在国家的习惯方式登记它们的面积或形状。记下与它们位置接近的那个镇或其他什么地名，以及相邻的别人的土地或人名。根据你支付给市政府地租税的收据或有关契约，指明其地界线。列出佃户的名字以及每年××蒲式耳或××金额的年收入。继续照此登记你所拥有的诸如牲口之类的全部财产。

第 十 三 项

我有值××塔卡特的货币存储在教廷财政部所属的银行或其他威尼斯银行，有××在加那累戈地区，或部分在一个地区，部分在另一个地区。

标明存储塔卡特的银行名称，指明你所存储的货币数量是登记在哪个银行的哪本账本上以及哪一页上。由于银行客户众多，为了能在你需要的时候及时提取存款，请记下那位保管你账户的银行职员的姓名。你要仔细地记录下他们给你信件的日期，以便你能知道欠你的金额以及他们能负责的比例。

第 十 四 项

我有××位债务人。买主先生便是一位，他欠我××塔卡特。

要记下债务人的全名、住址、所欠金额与事由。指出在你们之间是否有书面凭据或公证人的契约。应说明你有××塔卡特是能够收回的，即它们的债务人是讲信用的。否则，就应称它为坏账。

第 十 五 项

我有合计为××塔卡特的债务。我欠卖主先生××塔卡特。

应按同样方式一一列出你的债权人名单。说明你们之间的事务是否清楚明了，是否有任何书面凭据或契约。指明债务发生时的当事人及债务发生的事由、时间和地点。不论是在法庭内外，这些细节都是必需的。

第 四 章

对成功的商人的训诫与忠告。

要仔细地逐项记录个人所有的动产与不动产（即使有一万项也不例外）；记下它们的状况与性质；说明是储存的还是出借在外的。在财产目录中，必须有条不紊地记录每个项目，注明所有的附加记号、全名，并作尽可能详尽的说明。由于发生的事情可能很多，商人对于交易的记录应越清楚越好。有句俗语说得好："成功的商人比杰出的律师需要更多的技能。"

在陆地和海洋，在和平富裕的年代和战争饥荒的时期，在欣欣向荣的盛世和瘟疫流行的灾年，那些降临到商人头上的一切事情，谁能数得清呢？在这些变幻多端的岁月里，商人必须懂得在各地市场和集市中应如何行事。在这点上，商人与公鸡很相似。公鸡是动物中最警觉的，因为一般地说，公鸡不论冬夏都彻夜警戒，从不休息。据说夜莺也是彻夜啼鸣，但你如果仔细观察，就可能发现，夜莺只是在炎热夏季的夜晚才会啼鸣，在冬季则不然。

人们说，商人要具有一百只眼睛。但即使如此，对商人来说，仍不足以对付和处理他所面临的一切事务。谙熟此道的人都是这么说的，他们是威尼斯人、佛罗伦萨人、热那亚人、那不勒斯人、米兰人、安科纳人、布雷西亚人、贝加莫人、阿奎拉人、锡耶纳人、卢卡人、佩鲁贾人、厄巴那人、福雷西比人、卡利亚里人、乌克比人、卡斯特利人、博尔菲人、富尼那尼人、比萨人、波伦亚人、弗拉拉人、曼图亚人、维罗纳人、维杰恩人、帕多瓦人、特尼人、莱切人、巴里人和贝托蒂人。这些人所在的地方代表着意大利的主要商业城市。其中，威尼斯和佛罗伦萨是最大的两个城市，它们采用的规则和条例能够满足经商中的任何需要。这些城市的法令说得对："法律只有助于清醒者，而无益于昏聩者。"

在神圣教堂的神殿中，他们唱道："上帝许诺，桂冠应给明白人。"这是弗吉尔给但丁的教诲，正如在长诗的《地狱篇》第二十四章中给他的儿子以同样的教诲那样。在此章中，他规劝儿子要从事劳动，因为这是达到美德顶峰的唯一途径：

"啊！我的儿子！
你必须消除懒惰，
躺在羽毛垫褥上的人难以成功。
虚度时光者留在人间的踪迹，
犹如烟雾和水泡。"

另一位意大利诗人亦同样告诫我们："你不应停止干活。战神绝不会将胜利赐予贪图安逸之人。"引用哲人的话规劝懒人时，以蚂蚁为榜样也是很有益的。耶稣的传道者圣保罗说："勇敢奋斗的人，才配拥有桂冠。"

我引用这些警句完全是为你们好，使你们能关心日常事务。并且按照下面几章所述的方法逐日地记录任何事项。但最重要的是时刻牢记上帝，千万不要忘记每日清晨的祈祷，恰如圣诗所云："祈祷不浪费时间，犹如施舍不失去财富。"在《马太福音》中基督耶稣告诫我们："汝等当先寻求天国和上帝的正义，尔后，一切都将属于汝。"

我希望这些训诫将足以指导你们进行财产盘存和完成类似的其他任务。

第 五 章

本篇第二部分：账务处理。怎样理解账务处理，它包括哪些内容，商人的三本主要账簿。

现在，论述本篇第二部分，它可称为账务处理。我对它的论述将比第一部分更为详尽，使你们能通晓领会。这一部分分为两个内容：其一是对一般商业业务的处理；其二，将特别讨论商店的账务处理。

我将说明一般商业业务以及进行账务处理的必要条件。

完成财产盘存之后，立即要用到三本账簿，它们会给你提供便利。这三本账簿是：第一本称为备忘簿，第二本称为分录账簿，第三本称为分类账簿。商业业务不多的商人也许仅需使用分录账簿与分类账簿。我将先后讲解备忘簿与其他两本账簿，包括它们的格式以及记录方法。这里，我将先阐述备忘簿。

第 六 章

第一本账簿称为备忘簿，或称杂记簿或家务费用账簿。怎样理解备忘簿，怎样登记和由谁来登记。

备忘簿，有时也称为杂记簿或家务费用账簿，是商人用来记录其一切交易的账簿。记录时，不考虑交易规模的大小，而是按其发生的时间顺序登记。商人应详细地记录有关买卖交易的一切事项，不能遗漏任何一项。他要清楚地记下这些交易的当事人、内容、时间和地点，就像前面论述财产盘存所提到的那样。很多商人常常将他们的财产盘存也记在这本账簿上。但因备忘簿常会被其他一些人查阅，故在此登记个人的动产与不动产是不明智的。

备忘簿是因经营业务繁多而设置的。它应由商人自己登记。若本人不在时也可由代理人、助手或他的妻子（假若他们知道如何登记的话）代为记录。一个大商人绝不会让他的助手们无所事事的。

商人与他们的助手常常置身于市场和交易集市中。仅有妇女或其他助手在家，而他们几乎不懂书写。[①] 不过，为了不使顾客扑空，

[①] 15世纪的意大利妇女几乎没有受到任何正规教育。她们无法摆脱家务负担，因而对社会的作用是次要的。譬如，帕乔利母亲的姓氏从未见有人提及．后人也不知道他是否有姐妹。

他们必须按照业主留下的嘱咐，进行买卖或收取账款。因此他们应尽最大努力在备忘簿中记下每笔交易，按照他们所知道的货币单位与重量单位进行登记，注明在交易中收入或兑换的各种货币。虽然在分录账簿和分类账簿中要求有统一的货币计量单位，但在备忘簿中却无此必要。

簿记员将按一定顺序处理每笔交易，然后登记到分录账簿中去。一旦商人归来，便可查阅所有交易记录，如他认为必要，可以对交易进行重新登记。因此，对那些经营大量商业的人来说，在每笔交易发生时，即将其有秩序地并勤奋地记录到正式账簿中去，那无异于自找麻烦。

在经营过程中，当备忘簿或其他账簿已经填满或用了一定时期后，必须在备忘簿和其他账簿的封面上作一记号。当一本账簿业已用完，就要换用一本新账簿。各地的大多数商人都习惯于每年将所有账簿结算一次，即使这些账簿没有用完也是如此。

为保持一定秩序，必须在第二本账簿上标上与第一本账簿不同的记号，以便在任何时刻都能迅速查到你所需要了解的交易。鉴于同样原因，还需要标以日期。在基督教徒中间有这样一个良好习俗，即他们在各账本的最初都标上一个荣耀的符号，它将使异教徒望而生畏，使魔鬼胆战心惊。这就是神圣的十字架记号。你在幼年时，就是从此开始读书识字的。在这本账簿之后，你可对随后的账簿按字母顺序标记，如第二本标上 A，第三本标上 B，以此类推。但第一套账簿都要以神圣的十字架作标志：如备忘簿✝，分录账簿✝，分类账簿✝。第二套账簿可分别标为备忘簿 A，分录账簿 A，分类账簿 A，等等。

第六章

所有账簿均要标上页码,商人是知道其中道理的。但许多人认为,给分录账簿与备忘簿标上页码并无必要,因为这两本账簿是按时间顺序登记交易的,查阅起来很容易。假如一天的交易记录不超过一页,这种说法是正确的;但很多大商人,一天所发生的业务往往不止登记一页,而是要登记好几页。如果有人想要舞弊,只要撕掉一张账页即可,仅靠查看日期无法发现这种舞弊,因为此日期仍按时间先后排列,故账页少了也无法察觉。鉴于这些原因,将家里或商店里的全部账簿予以编号并注明页数,不失为一个好办法。

第 七 章

验证所有账簿。为什么要验证账簿，由谁来验证。

在必须设置商业账簿的几个国家里，我发现有个很好的习惯，即将所有账簿呈递给商务官员（如佩罗萨城任命的执政官）。你应向他说明这些账簿将由你本人或其他人用以记录你所有的交易。他还应知道记录交易采用的货币单位和重量单位：货币单位究竟用里拉和比西奥里，还是里拉和戈罗西，或塔卡特和里拉，或弗洛林和里拉，重量单位是用盎司、打里、梯纳里或格令。一个好商人总是把这些内容登在账簿的扉页上。如果账簿不是由原先申报的人员来记录时，最好通知有关官员。

上述情况将由办事人员记录到商务官员的登记簿中去，说明在某一天你呈递了哪些账簿，标有什么样的记号；如一本为备忘簿，另一本为分录账，等等；注明其中第一本共有多少账页，另一本有多少账页。除了那本称为备忘簿、杂记簿或家务费用账簿者可由你的家庭成员或家人登记交易事项外，其他的账簿应由你本人或你的簿记员来记录。

办事人员还以商务官员的名义将上述情况登记在你的账簿扉页，并要验证它们的真实性。然后，他将盖上有关官员的图章，这样，在需要呈示账簿的任何场合，即可凭此证实其是合法的。这个做法应该受到称赞，采取这种做法的城市也应受到称赞。

不幸的是，有不少人设两套账簿，给买者看这一套，给卖者看的则为另一套。更糟糕的是，他们一边发誓要诚实，一边又在作伪证。他们的行为是如此荒谬！但是，如果他们必须将账簿呈示给官员验证，舞弊作假就不那么容易了。

这些经过仔细标号并被验证为合法的账簿应放在家中。你要以上帝的名义来记录自己的全部交易。财产目录中的所有项目应按一定顺序全部登记到分录账簿中去。登账方法稍后会学到。然而，你必须先懂得如何登记备忘簿。

第 八 章

登记备忘簿的方法及示例。

你家中的任何人均可登记备忘簿、杂记簿或家务费用账簿。因而，无法详尽地说明应该怎样记录，因为并非所有人都能理解。不过，习惯的做法是这样：假定你买了20块布雷西亚白布，每块价值20塔卡特，这笔交易可按如下方式记录：

××日，我们（或我）从布雷西亚的斐利浦·鲁弗尼那里购得布雷西亚白布20块。根据成交协议，这些布现存放在斯德弗奈·太格里佩奇的地窖中，每块长××臂，单价为20塔卡特，均已编了号。

你要说明这些布是否由3股线织成，是否4～5臂宽，是宽幅还是窄幅，质地良好还是一般，产地是贝加莫、维琴察、维罗纳、帕多瓦、佛罗伦萨还是曼图亚。还要说明交易是否全部用现金付讫；或部分支付现金，部分于指定时间支付。列明余款应在何时到期付清；以及是否部分支付现金，部分以货物抵偿。

假如以货物抵偿，你必须说明作为交换的项目及其数量、重量、体积，以及每蒲式耳或每磅的单价。假如交易采取赊购形式，还要说明支付的时间（例如，商定在货船归期日支付，诸如巴罗德船或

第 八 章

弗兰德船的归期；或是以交易集市结束日或其他节日为期限，诸如收割日、下一个复活节、圣诞节、耶稣复活日或狂欢节等）。备忘簿中不能遗漏上述各要点。如果可能，交易中的任何细节均要注明。如前所述，商人对交易的记录越清楚越好。

第 九 章

商人购货的九种常用方式。或多或少地需要赊购的货物。

现在我们来谈购货。在购货中，通常可能采用九种方式：第一种是用现金支付；第二种是在指定日期付款；第三种是以货易货；第四种是以汇票支付；第五种是部分现金支付，部分在指定日期付款；第六种是部分现金支付，部分以货易货；第七种是部分以货易货，部分在指定日期付款；第八种是部分以汇票支付，部分在指定日期付款；第九种是部分以汇票支付，部分以货易货。购货业务一般采用这九种方式①。如果你是以其他方式购买，如你本人或委托其他人采购等也应将所采取的方式仔细地登入备忘簿中。

当你要购买小麦、燕麦、果酒、食盐，或从屠户那儿购买畜皮、油脂时，常采用赊购方式。在这些情况下，卖者往往承诺把当季生产的小麦卖给买者；同样地，屠户将承诺把那年将得到的所有内脏、畜皮和油脂等卖给你，并说明卖给你的诸如牛羊肉、油脂之类的货物每磅价钱各多少。黑白羊皮是以张数论价；燕麦和玉米则按蒲式

---

① 帕乔利省略了第十种方式，即部分现金支付，部分以汇票支付。但他在第十九章中将提到这种方式。

第 九 章

耳或篮数计价，这取决于各地的习惯，乔西和佩鲁贾就不同。最后还要说明小麦是否来自圣·塞博卡鲁、梅卡蒂洛、圣安契洛、希特卡斯特洛或弗利等城市。

因此，不管是你本人还是由别人将交易登入备忘簿，都要逐项地、全面地登记这些交易。必须按事实情况简要地加以说明。老练的簿记员将按时间顺序把这些交易从备忘簿转入分录账簿中去。他可每隔4天、5天或8天进行一次，时间可长些或短些，但是不需要把所有的细节都记入分录账簿，因为以后可以从一本账簿查阅其他账簿。那些负责记录三本账簿（备忘簿、分录账簿、分类账簿）的人，不可把没有在备忘簿上登记的事项记入分录账簿。

不管备忘簿是你本人还是其他人记录的，就它的处理方法来说，以上的论述已经足够了。你要记住，销售方式和购买方式一样，只要了解购买业务的处理方式，你就会懂得如何处理销售业务。因此，我不必对销售业务的处理方式再加以说明。

第 十 章

第二本重要的业务账簿称为分录账。什么是分录账，怎样有条理地登记分录账。

第二本普遍采用的业务账簿称为分录账。它必须具有与备忘簿相同的记号，而且也要像对备忘簿所要求的那样，标明页码。每张账页的顶端一定要注明日期，然后再连续地登入财产目录中的所有项目。

因为分录账属于私人账簿，你可详尽地记录你所拥有的动产与不动产，通常要注明有关财产的书面凭证。人们常常把这些财产凭证与一些信件和零星单据一起放置在小柜或箱内，或是用线捆上，或是置入小布袋内。不同的分录账分录应按简洁、系统的方式予以记录和排列，既不要太繁琐，也不要太简单，应按如下所示的几个例子那样做。

首先，你应该注意登记分录账所必需的两个表达符号。这两个符号是根据威尼斯城的使用习惯而来的。

第 十 一 章

分录账使用的两个表达符号,它们在威尼斯尤其流行:一个称为 Per,另一个称为 A;应该怎样理解它们。

在分录账中,使用了两个独特的表达符号:一个称为 Per,另一个称为 A,两个符号各有特定的含义。

Per 总是用来指借方,借方可以是一个或一个以上的账项,这要依具体情况而定。

A 则表示贷方,根据具体情况,贷方也可以是一个或一个以上的账项。

每一正常业务项目除非含有这两个表达符号,否则不能登记到分录账中去(稍后还要过入到分类账中去)。符号 Per 应写在每笔分录的开头,因为一般总是应先说明借方,然后才紧接着说明 A 方或是贷方。通常用两条平行的小斜线"//"将这两者分开。你将在第十二章的例子中看到这种情况。[1]

---

[1] 在帕乔利之后,论述簿记学的作者都沿用了同样的分录账结构。但是他们将 Per 改为"来自"(from),"A"则改为"去向"(to)。从下一章起我们都不采用这两种符号。而是改用现在流行的"借""贷"符号。帕乔利的记账分录如同这样的格式:Per 现金 // A 资本。

第 十 二 章

在分录账中怎样通过借贷分录方法登记和列示各项业务，附例说明。分类账中使用的另外两个术语："现金"与"资本"，应该怎样理解它们。

以上帝的名义，将你财产目录中的第一项，即你所拥有的货币数量登记到分录账中去。为了理解如何将财产目录中的内容记入分录账和分类账，你必须学会使用另外两个术语：一个称为"现金"，另一个称为"资本"。现金指的是你手头现有的货币，而资本则表示你现在拥有的全部财产的总金额。

所有的营业分录账与分类账启用时，资本总是作为贷项登记而现金则作为借项登记。在任何商业经营管理中，现金只有借方余额而决不会有贷方余额（或者余额为零）。如果在结账时，发现现金有贷方余额，则说明账簿里肯定有差错。现金必须按如下方式记入分录账。

分录账分录的几个实例。

11月8日，MCCCCLXXXXIII（1493年）

于威尼斯

第一项

第十二章

<table>
<tr><td>1
2</td><td>借项过账线①</td><td>借记"现金"∥贷记"商人先生(即我本人)资本"。现在我在某地有现金,如财产目录第一页所列示的那样,它们是由金币、银币及铜币等各种硬币构成。总数为××塔卡特金币和××塔卡特其他硬币。均以威尼斯货币换算来计价,每塔卡特值24戈罗西,每戈罗西值32比西奥里,还有××的金里拉。</td><td>贷项过账线</td></tr>
</table>

价值:L(里拉)……,S(苏尔迪)……,G(戈罗西)……,P(比西奥里)……

第二个项目记录如下:

第二项

借记"珠宝"∥贷记"资本"。这些珠宝,正如财产目录登记的那样,包括重××的已镶嵌的红宝石××件,未镶嵌的蓝宝石、红宝石和钻石××件等等。

你应记下这些物品的现时价值,如红宝石价值××等等,并继续说明每一种的现价,合计共为××塔卡特。

价值:L……,S……,G……,P……

假如你在账页上已注明日期、借方和贷方,又假如其间没有登入任何其他项目,为简便起见,你可这样记录:"在这同一天,借方同上∥贷方同上。"

第三项

借记"银器"∥贷记"资本"。这些银器包括我现在拥有的:

---

① 帕乔利建议,在将分录借方过入分类账簿之后,应在分录账分录的左边画一条竖线即"借项过账线";分录贷方过账后,应在分录账分录的右边画一条"贷项过账线"。在借项过账线左边的两个数码字分别代表有关账页,即借方账项和贷方账项过入分类账簿的页码。帕乔利将在第十四章详细说明这个过账程序。

××个盆子，××个碟子，××只杯子，××只挂钩和××个汤匙，总重为××。

价值：L……，S……，G……，P……

登记分录账簿时，应记下你在财产目录中所描述过的所有细节，并就你个人所知，给每样物品确定一个适当的现时价格。价格宁可高估而不要低估。假如你认为某件物品值20，则不妨记为24。这样，你将能获得较高的利润。用这种方式，逐项记下每件物品及其重量、数量和价值。

第四项

借记"羊毛衣"//贷记同上。它们是指某种款式和颜色的衣服××件，衬里如何，新旧程度等等。这些衣服属于我、我妻子和孩子们。根据现价，它们的总数作价为××塔卡特。我还登入各种颜色的斗篷和所有其他衣服各××件等。

价值：L……，S……，G……，P……

第五项

借记"亚麻织品"//贷记同上。它们指××条床单等。如财产目录中所列示的那样，记录下它们的数量与价值。

价值：L……，S……，G……，P……

第六项

借记"羽毛垫褥"//贷记同上。它们是指××件羽毛制品。记下它们的数量、价值以及在财产目录上所列示的一些必要细节。

价值：L……，S……，G……，P……

第七项

借记"梅吉尼姜片"//贷记同上。它们指的是财产目录上列示

第 十 二 章

的姜片箱数以及用塔卡特计算的现价。

价值：L……，S……，G……，P……

继续用这种方式登记所有的其他项目，如同记录姜片那样，不同的类别应分别记录，并按财产目录所列示的那样，记录下每种物品的现时价值、数量、记号以及重量。说明你对每个项目计价时所使用的各种货币单位。不过，在计算价值总数时，只能采用同一种货币单位，因为不同种类的货币不适于汇总合计。

在结束分录账的每个分录时，在分录说明的最后一个字到得出的数字之间，画上一条线。在备忘簿中也可这样处理：将备忘簿上各个记录从头至尾画上一条斜线"／"，以表示这个项目已记入分录账中。假如你不想将分录从头至尾画上这条线，则可在每项分录的第一个字母或最后一个字母上画线。无论如何，必须使用你自己所理解的符号来表示有关项目已转记分录账中了。

尽管你可以使用各种符号和标记，但你仍需尽量使用其他商人常用的符号和标记。这样，你就不至于与通常的商业习惯相悖而显得有所欠缺。

第十三章

第三本也是最后一种主要的业务账簿称为分类账。如何借助检索表重复登记，或者不用检索表进行一次登记。

当所有的业务均已依次登入分录账之后，就必须将其过入第三本账簿即分类账中。分类账的页数通常为分录账的两倍，它应附列一份以字母为序的账户一览表或账户汇集表，或如有人所称的检索表（佛罗伦萨人称其为 Stratto）。应以字母为序将所有的借余账户和贷余账户连同它们所在的页数一起填入检索表：名称首个字母为 A 的账户应当记入标有 A 的账页，其他账户也依此处理。分类账的账页标记最好与分录账和备忘簿中的账页标记相一致。

在账页左右顶端对分类账账页进行编码和填上记账日期之后，"现金"的借方余额就可记入它的第一页上，这与在分录账中的登记相同。第一页应全部用于登记现金项目，而不再借记或贷记其他项目，因为有关现金的分录数量多于其他账项的分录。由于现金收付交易几乎不断发生，因而需要留有更多的空白进行记录。分类账账页应用线隔成数列，列数应等于将要记录的货币种类的数目。假如你要登入里拉、苏尔迪、戈罗西、比西奥里四种货币，就要划分四列。在里拉列的前边应加画一条线，用以记录有关借贷分录所在

第 十 三 章

的页码。此外,在所有这些列线的前边还要加画两条线,以便填入每笔分录的日期。如同其他账簿一样,这将有助于快速地查找分录。该账簿也应标上神圣的十字架记号。

第 十 四 章

把分录从分录账过入分类账。为什么分录账中的一个分录在分类账中成为两个账项。应该如何注销分录账中的分录。每一分录的旁边应注明两个分类账的页码。

分录账中登记的每笔分录必须分两次过入分类账：一次过入借方，另一次过入贷方。在分录账中，借方用 Per 表示，贷方用 A 表示。在分类账中，必须分别记录借贷两方，借方账项过入左边，贷方账项过入右边。在借方过账时。应该注明相对应的贷方账项所在的页码。同样，贷方过账时也应注明相对应的借方账项所在的页码。分类账中所有的账项均按这种方式相互对照，绝对不能将一项交易过入借方而没有在相应的贷方过账。同样，也不能仅仅记录贷方账项而遗漏了记入相应的借方数额。分类账金额的平衡即赖于此。

只有借项合计等于贷项合计，账簿才能结算。换言之，如果将所有借方账项都在一页纸上加总（即使有一万笔也是如此），同时也将所有贷方账项加总，那么，借项合计应等于贷项合计。否则，就表明分类账中出现了差错。这些将在第三十二章的试算表中详述。分录账中的每笔分录在分类账中两次过账后，应在分录账分录的两

第十四章

侧画上两条线。如果是先过借项，就在分录账分录的左侧画一条竖线。这表示已经借记分类账。贷方账项过账后，则在分录账分录的右侧画上一条竖线。贷方账项可能紧随借方账项过账，也可能稍后，因为簿记员常常能在同一分类账账页上过入两个或三个账项，以避免以后再翻至该页进行登记。

在第十二章中，第一笔现金分录的两侧曾列示过这样两条线。其中一条称为借项过账线，另一条称为贷项过账线。

在分录账分录左侧的边线旁，必须一上一下写上两个数码。上面的数码表示借项过入的分类账页码，下面的数码则表示贷项过入的分类账页码。在第十二章的现金分录中，旁边列示有1、2两个数码，其间没有用短横线隔开。有些簿记员习惯在两个数码之间画一条短线。这一点无关紧要，但是不画线则更为恰当，因为这两个数码并不表示分开或分离。数码"1"表示在分类账的第一页已借记"现金"账项，数码"2"表示在分类账的第二页已贷记"资本"账项。

贷方账项紧随借方账项过账，似乎较好，尽管贷项过入什么地方实际上毫无关系，但因为有时另一不同日期的分录在分类账上的记录，会介于某笔分录的借方账项和贷方账项之间，所以这种做法不大好，而且在查找相对应的分录时（正如曾经试过的人所知道的那样）也会引起困难。因为在这里不能详述一切细节，所以你必须遵循习惯。然而，在分录账中应始终将贷项登记在与其相应的借项相同的行次，或者登记在紧接的下一行，其间不要再登入其他账项，以便在看到借项来源的同一天也能看到贷项。基于这一理由，每笔分录的两个账项应尽量靠近登记。

第十五章

现金和资本的分录过入分类账的方法。按照惯例，日期写在账页的上端。日期的改变。如何根据业务的需要，在账页上为大小账户安排空位。

你们现已知道，第十二章的第一笔分录应过入分类账：借记"现金"账户，贷记"资本"账户。但是首先应在分类账中用罗马数字写上年份：MCCCCLXXXXIII（1493年）。在分录账中日期标在账页上端，但分类账中通常不是这样。这是因为分类账中的每个账户往往涉及数天，所以你们也就无法依照时间顺序在分类账账页的上端注明这些日期。有关日期应与账项本身一起记录。其理由将在第十六章详细阐述。

当账项所属的年份与账页上端的年份不同时，应在账项紧前边记上有关年份。这种情况只有在年底没有结平账簿记录和结转余额时才会发生。如下所述，这种做法仅在分类账中才必要。如果只是为了美观（尽管这无关紧要），可以用古文字母书写这一记录。

因此，可按此法过账：

公元……MCCCCLXXXXIII（1493年）

11月8日，借记"现金"账户，贷记"资本"账户。现金为金币和其他各种硬币的合计数，第2页。

价值：L……，S……，G……，P……

因为在分录账中已经说明这项交易，所以在分类账中不必再作冗长的叙述。在账页的开始，应对交易详加说明，但对同一账页上随后的账页，仅作如下说明即可："×日，借'现金'账户，×页，贷'资本'账户，L……，S……，G……，P……。"

过账之后，如第十二章所述，应画上"借项过账线"。然后登记"资本"账户（贷方）如下：

公元……MCCCCLXXXXIII（1493年）

11月8日，贷记我名下的"资本"账户，借记"现金"账户。现金为金币和其他各种硬币的合计数，第1页。

价值：L……，S……，G……，P……

这笔分录的概述已很充分了。如果账页上仍有空白部分，而要在同一账户填入其他账项，且这些账项的交易日期不变或者账户没有变化时，那最好注明"同上"两字。在本篇篇末，我将提供一个有关的例子。

你应继续采用这种方式进行简要说明，对于那些纯粹是个人的事项（即那些你无须向任何人提示账目的事项）尤其如此。但是，对于那些必须向其他人提示账目的事项来说，尽管你仍然可以依据分录账中的说明，但在分类账中最好还是描述得较为详细一些。

上述过账完成之后，应在分录账中画上"贷项过账线"。在紧临分录的左侧边线，注明借方和贷方账项所过入的账页页码，借方账项页码在上，贷方账项页码在下。并且立即将借余账户和贷余账户以字母为序填入检索表。"现金"账户应列在字母"C"部分，如

"现金账户，第1页"。"资本"账户也应列在字母"C"部分，如"我名下的资本账户，第2页"。用这种方式将所有的借余账户和贷余账户以字母为序填入检索表中相应的字母部分。这样，各个账户就容易置于分类账中了。

必须注意，不管出于何种原因（如抢劫、火灾、船难等）而失落了分类账，但只要其他两种账簿（备忘簿和分录账簿）中的任一种依然存在，你就能够补设另一套分类账，同已失落的分类账一样，有相同的账页并记录着相同的账项。在分录账的分录之侧标有借方和贷方账项已过入分类账的页码的情况下，尤为如此。稍加努力，你就能重建分类账。以上是对过账所作的充分讲解。

对于分录账中涉及珠宝的分录，应将其过入分类账中适当的部分，并在账页的上端填上日期（假设前一账项尚未注明日期）。有时当簿记员认为分类账账页足以登记两个或三个账户时，他就会将其编入同一账页。在这种情况下，日期已往往先行登入了。结果，这些账户与那些具有大量分录的账户相比，仅需要占用较少的空白。当有许多同类交易发生时，通常要占用整个账页。如前所述，"现金"账户和"资本"账户就是如此。

在分类账中找到适当的账页之后，应将借方账项过入左边。

11月8日，借记"各类珠宝"账户，贷记"资本"账户。珠宝计有××件，分别重××，总重××，已镶嵌的红宝石××件，蓝宝石××件，未镶嵌的红宝石××件，未经雕琢的钻石××件。以现价估价共值××塔卡特，第2页。

价值：L……，S……，G……，P……

然后在分录账上画上借项过账线。接着翻到"资本"账户，过

第十五章

入贷方账项并作简要说明：

同日，贷记"资本"账户，借记"各类珠宝"账户，详见第3页。

价值：L……，S……，G……，P……

随后，在分录账分录的右侧画上另一条线，以示注销该分录的贷项，并在分录左侧填上过入分类账的两个页码。假设借方账项被过入分类账的第3页，那么在账页填满之前，"资本"账户仍应登在第2页。当第2页填满之后，则应在其他分录账分录过入分类账之前，先将该分录过入新的账页。这一步骤将在第二十八章阐述。上述例子将指导你处理这类和其他类似的分录。

当上述分录过入分类账并在分录账中注明了账页页码之后，应立即将"珠宝"账户列入检索表中。按照不同发音，珠宝可以列在字母"G"（Gioe）或者"Z"（Zioe）部分。在威尼斯，习惯上应列在字母"Z"部分；而在托斯卡纳，则习惯列在字母"G"部分。因此，列在何处，任凭你的意愿。

第 十 六 章

有关商品的分录应怎样过入分类账账户的借方和贷方。

你能够很容易地将银器、亚麻织品、羽毛褥垫和衣物这四种个人物品从财产目录转记入分录账中。财产目录中的这些项目并非取自备忘簿,其理由在第六章已予说明。在分录账中填写什么分录,如何将这些分录过入分类账账户的借方和贷方,以及在检索表中如何列明这些账户,这方面的问题我将留给你们自己去领会。

只有财产目录中的第七项,即梅吉尼姜片,我们把它登入分录账和分类账。这一点应予充分阐述,以便使你们能够记录商品中的所有其他项目。根据莱尔托和其他地方的不同商业习惯,应将有关数量、重量、计量单位和价值牢记在心。对所有这类交易一一给出例子是不可能的,但是通过这里列举的几个例子,你能够学会处理任何特殊的情况。如果你要求我举出在特尼、莱切、巴里、贝托蒂,以及马卡和托斯卡纳等地交易方法的例子,要包括商品的名称、重量、计量单位、商标等,本章的篇幅将过于浩繁。因此,我只打算作些简要说明。

将姜片登入分录账的说明如下:

借记"梅吉尼姜片"账户,××捆或××包(由你确定计量单位)//贷方账户同上(这里应理解为"资本"账户,因为该账户已在紧接前面的分录中述及,其中你已登记了第二个项目,即珠宝)。这一天我拥有××包,重××磅,现行价格为每百包或每磅××塔卡特,共计××塔卡特。

价值:L……,S……,G……,P……

按照这种方式登入分录账之后,应像处理其他项目一样,将其从备忘簿或财产目录中注销。对于该分录和分录账中的所有其他分录,均应分为两个账项过入分类账,先过借方账项,后过贷方账项。在将借方账项从分录账过入分类账时,应这样处理:首先,如果账页上端尚没有年份的话,就先将年份填上,但不要填写日期。通常在分类账账页的页首并不填写日期,因为同一账页可能填入数个借方和贷方账项,它们属于同一年份但可能属于不同的月份和日子。即使同一账页上仅记有一笔现金或其他种类的账项,在账页上端填写日期也是没有用处的。这是因为各项不同的交易必须按其发生的不同月份和日子加以记录。因此商人从不将日期置于分类账账页的上端,因为他们认为这样做丝毫没有道理。

借记分类账如下:

11月8日,借记"梅吉尼姜片"账户,××捆或××包,贷记"资本"账户。这些姜片储存于我的店铺或家中,按现行价格我估计每百磅为××塔卡特,共值××塔卡特,第2页。

价值:L……,S……,G……,P……

然后在分录账的借方一边注销该账项,并将贷项过入"资本"账户。

同日,贷记"资本"账户,借记"梅吉尼姜片"账户。捆装或包装,第3页。

价值:L……, S……, G……, P……

这样登记之后,你应在分录账贷方注销分录,同时在分录账左侧边线一上一下写上过入分类账的相应页码。"3"写在上面,"2"写在下面,因为借方账项是过入分类账的第3页,而贷方账项则过入分类账的第2页。然后立即记入检索表内相应的字母之下,该账户可能记入字母"G"或其他字母之下,其理由前章已予以说明。

第 十 七 章

怎样记录与威尼斯地方当局管辖的市政机构和市立放款银行的往来账目。

我不准备对诸如鞣制的、未鞣制的或精制的外用皮革等其他项目的账务处理规则再作更多的说明。将它们逐项登入分录账和分类账，按照适当的次序将其记录和注销，不要有所遗漏。商人理应能比屠户更好地掌握这些方法。

如果你与威尼斯市立放款银行、佛罗伦萨的其他银行、热那亚银店或其他市政机构发生经济往来，你一定要非常认真地记账。借、贷事项都必须由办事人员填写有效的书面证据。请将这一忠告牢记在心，我在本章末解释有关凭证与文件时将说明其原因。

这些市政机构常更换办事人员。因为每一个人都喜欢按照自己的方法记账，所以，他总是责怪其前任没有按良好的方式记账。他们总是试图使你相信他们的记账方式优于别人。因而，有时他们会将市政机构的账目混合起来，甚至其中一些账目是毫不相干的。如果你同这些人打交道，将是一件麻烦事。所以你必须细致地同他们相处，正如你对待自己的雇员那样，而且还要有一个监督店铺雇员的主管。尽管他们往往会表现得漫不经心，但是他们的工作可能是井然有序的。

同样，你能够就有关交易，诸如自己的买卖活动、种植和饲养等，为税收官员和其他市政官员设账记录。在威尼斯，人们习惯于通过贸易行代理大宗交易，代办费为1%、2%或4%不等。

应当注意特定经纪人记录交易的账簿，以及他在账簿中使用的特殊标记：这种账簿（在威尼斯被称为Chiamans）用于记录贸易行承办的所有交易。每一位经纪人在贸易行中都有一本账簿，或者在其他账簿中辟有一定的部分，专门记录他与市民或外国人的所有交易往来。如果经纪人不能恰当地执行自己的责任，他将受到处罚并被解雇。

威尼斯的市政官员对失职的贸易行经纪人及其职员进行处罚。我还记得在过去的年月里曾严厉处罚过不少人。显然，配置一位官员，专门从事对所有贸易行的活动进行监督，并判断其账务处理的好坏或适当与否，是完全正确的。

第 十 八 章

怎样处理与威尼斯贸易行的往来账目。怎样在备忘簿、分录账和分类账中填制相应的分录。关于借款的资料。

当你打算与贸易行进行交易时，应根据存入各种资本的相应比例，借记注明确切地区的市立放款银行账户。因为你每天都要与他人做许多交易，所以也要根据逐日销售金额作同样的记录。应像那些熟悉和懂得莱尔托地区惯例的人们那样，仔细地记录购买你货物的商人姓名以及他们经营的所在地。当你提取资金时，都要逐日地按不同地区贷记各该银行账户。

在与贸易行进行交易时，应按下述方法登账：从他们的经纪人处购买任何商品时，以购买总金额的2%、3%或4%贷记"贸易行"账户，同时借记为所得到的商品设立的账户。购买者必须从销售者那里以现金或其他形式扣取适当的百分比付给贸易行，因为贸易行只关心交易的总金额。经纪人应填制交易报告（交易如何成交、交易内容及交易对手）以取得明确的证据，以备查询。

正如谚语所说："无所事事者不犯错误，而吃一堑则长一智。"
如果交易双方希望解决任何疑问，他们可检查由经纪人作出的交易记录。按照政府法令，这种记录应像公证人填写的公证文件那样具有充分可靠性。执政官署就经常根据这种记录进行裁决。

因此，当你购买任何货物时，都必须了解付给贸易行的代理手续费。应从付给销售者的货款中扣除该项费用的一半（即由销售者负担的手续费）。例如，如果你购买的某种商品应付给贸易行4%的手续费（按照威尼斯共和国的法令），那么，就从你要付给销售者的款项中扣除2%，销售者即收到减除此数后的实得金额。这样，全部手续费就将由你来支付给贸易行了，于是在分类账中，将该数额借记采购的商品账户，贷记"贸易行"账户。[①] 我在前面已经讲过，贸易行并不直接与销售者发生联系，而只与购买者打交道。

购买者有权按照已经付给贸易行的手续费的比例从其仓库中提取商品。不管货物是按日或按其他方式提取，所提取的金额必须与保存在账房中的账簿记录相核对。

为了知道究竟能够提取多少商品，商人必须认真地登记与贸易行有关的账目。所能提取的商品不得超过已支付的手续费的比例（除非他们向贸易行支付了额外的手续费）。

我将为你们举一个这类采购业务的例子，并说明与贸易行的交易应怎样登入分录账和分类账。

首先，在自己的备忘簿中作如下说明：

在上述日期，我（或我们）从墨西拿的杰奥万尼·安东尼奥先生那里购得巴勒莫蔗糖××袋和××箱，净重（除去箱子、包装袋、

---

① 例如，假设货物值100里拉。则应以98里拉（扣除应由销售者承担的手续费后的净额）借记"商品"账户，贷记"销售者"账户。然后作第二笔分录：以4里拉（买卖双方共同负担的手续费）借记"商品"账户，贷记"贸易行"账户。

第十八章

绳子和草垫)××，按每百单位××塔卡特计算，总额为××塔卡特。我扣减了杰·安东尼奥先生应付给贸易行的手续费，比例为××%，总额为××塔卡特、××戈罗西、××比西奥里。杰奥万尼·得·盖阿迪先生是经纪人。以现金支付的净值为××塔卡特、××戈罗西、××比西奥里。

同一交易按下述方式登入分录账：

借记"巴勒莫蔗糖"账户//贷记"现金"账户。现金已付给墨西拿的杰·安东尼奥先生，计购得蔗糖××箱、××袋，净重××(除去箱子、包装袋、绳子和草垫)，按每百单位××塔卡特计算，总金额为××塔卡特。我已扣减了安东尼奥先生应付给贸易行的手续费，依照××%的比例，计××塔卡特，等等，货款净额为××塔卡特。经纪人是杰奥万尼·得·盖阿迪先生。

价值：L……，S……，G……，P……

在分类账中记录如下：

某日，借记"巴勒莫蔗糖"账户，贷记"现金"账户。现金已付给墨西拿的杰·安东尼奥先生，计购得蔗糖××箱，××袋，净重××，按每百单位××塔卡特计算，总金额为××塔卡特，第1页。

价值：L……，S……，G……，P……

根据相同金额按相反方式贷记"现金"账户。必须按从付给销售者的价款中扣除金额的两倍，即由销售者和你平均负担的手续费之和，贷记"贸易行"账户。

作完这一记录之后，立即编制另一分录，即以手续费总额贷记"贸易行"账户，借记"商品"账户。以上是一个以现金采购的完整例子。现在考虑部分现购部分赊购的交易方式。

在备忘簿中作如下说明：

某日，我以部分现金部分赊账的方式从墨西拿的杰奥万尼·安东尼奥先生处购得巴勒莫蔗糖××袋，净重××，按每百单位××塔卡特计算，总金额××塔卡特。我扣减了安东尼奥先生应负担的贸易行手续费，比例为××％，计××塔卡特。作为部分付款，我已支付现金××塔卡特，其余部分待次年8月底付清。经纪人是杰奥万尼·得·盖阿迪先生。交易总价值为××塔卡特、××戈罗西、××比西奥里。

你不必向经纪人索取说明该项交易条件的书面文本，因为他们在贸易行的记录就足够了。但是为慎重起见，也有人会索取这类文本。

分录账中的分录如下：

首先，以交易总额贷记"杰·安东尼奥"账户，然后以他已收到的现金借记同一账户。其次，记入叙述成交交易的分录。

11月8日，借记"巴勒莫蔗糖"账户//贷记"杰·安东尼奥"账户。计购得蔗糖××袋，净重××，以每百单位××塔卡特计算，总价款为××塔卡特。我已扣减应付给贸易行的手续费中他应负担的份额××％，计××塔卡特。货款净额××塔卡特，其中我已支付现金××塔卡特，其余部分应于次年8月底付清。经纪人是杰奥万尼·得·盖阿迪先生。

价值：L……，S……，G……，P……

随后，即以应付手续费贷记"贸易行"账户。

借记同上//贷记"贸易行"账户。金额如前所述，其中归我负

第十八章

担的比例为××%，计××塔卡特；杰·安东尼奥先生应负担的比例为××%，计××塔卡特。手续费总额共计××塔卡特、××戈罗西、××比西奥里。

价值：L……，S……，G……，P……

对已支付的现金，应在分录账中借记"杰·安东尼奥"账户，贷记"现金"账户，详述如下：

借记墨西拿的"杰·安东尼奥"账户//贷记"现金"账户。依照成交协议为所购巴勒莫蔗糖支付给安东尼奥先生的部分现金，计××塔卡特，该数额已由他亲手填写了收据。

价值：L……，S……，G……，P……

购买交易的借项应在分类账中记录如下：

11月8日，借记"巴勒莫蔗糖"账户，贷记墨西拿的"杰·安东尼奥"账户，计××箱，××袋，净重××，以每百单位××塔卡特计算，总金额为××塔卡特，扣除应付给贸易行的手续费后的净额，第4页。

价值：L……，S……，G……，P……

在分类账中还应登记该交易的贷方账项：

11月8日，贷记墨西拿的"杰·安东尼奥"账户，借记"巴勒莫蔗糖"账户。计××箱，××袋，净重××，以每百单位××塔卡特计算，总金额为××塔卡特，扣除应付给贸易行的手续费后的净额，其中我必须现付部分货款××塔卡特，其余部分在次年8月底付清。经纪人是杰奥万尼·得·盖阿迪先生，第4页。

价值：L……，S……，G……，P……

对于现金支付部分，将借方账项过入分类账如下：

11月8日，借记墨西拿的"杰·安东尼奥"账户，贷记"现金"账户。按照成交协议为从他处购得的蔗糖支付部分现金货款，该交易及其协议他已亲笔记录在他的账簿中，第1页。

价值：L……，S……，G……，P……

贸易行的手续费账户应列入分类账如下：

11月8日，贷记"贸易行"账户，借记"巴勒莫蔗糖"账户。蔗糖是从墨西拿的杰·安东尼奥先生处购得，按每百单位××塔卡特计算，总货款为××塔卡特。经纪人是杰奥万尼·得·盖阿迪先生。页码。

价值：L……，S……，G……，P……

第 十 九 章

在主要账簿中怎样登记以汇票付款或通过银行付款的分录。

不管购货交易采取下述哪一种付款方式，前面所讲的知识已足以指导你进行有关的账务处理。

1. 全部现金支付。

2. 全部通过银行支付。

3. 全部以汇票支付。

4. 全部以货易货。

5. 全部赊账（在指定日期支付）。

6. 部分现金支付，部分通过银行支付。

7. 部分现金支付，部分以汇票支付[①]。

8. 部分现金支付，部分以货易货。

9. 部分现金支付，部分赊账（在指定日期支付）。

10. 部分通过银行支付，部分以汇票支付。

11. 部分以货易货，部分通过银行支付。

---

① 这一方式并未纳入第九章所列示的购货交易中惯用的九种支付方式。此外，帕乔利在这里还省略了第九章所示的第七、第八两种支付方式（即部分以货易货，部分在指定日期付款，以及部分以汇票支付，部分在指定日期付款）。

12. 部分通过银行支付,部分赊账(在指定时间支付)。

13. 部分以货易货,部分以汇票支付。

14. 银行结算、现金支付、汇票支付和以货易货这四种付款方式的其他任何组合。

通常就是用这些方法进行购货交易。它按下列顺序进行记录:首先应将其记入备忘簿,然后登记分录账,最后过入分类账。

当你采用部分通过银行支付,部分以汇票支付的方式付款时,应首先提交汇票,然后再通过银行结算。这样将更为稳妥。即使在使用部分现金支付,部分以汇票支付这种付款方式时,许多商人仍然采用先提交汇票的稳妥做法。如果你以部分通过银行支付、部分以货易货、部分汇票支付和部分现金支付的方式付款,那么,应以货款总额借记卖主账户,并各按其项目分别贷记相应的账户。如果你在购货交易中采用其他任何付款方式,应用类似的方法进行账务处理。

一旦你理解了购货交易的账务处理方法,你也就懂得了当你销货给别人时应该怎样做。在后一情况下,应借记不同的买主账户,贷记你的商品账户。如果收到现款,就借记"现金"账户;如果对方以汇票支付,就借记"汇票"账户;当汇票由银行兑付时,就贷记"汇票"账户。这就是有条不紊地处理上述交易的方法。可以再参照购货交易的论述,将买主所支付的一切,贷记买主的账户。

关于这一课题的阐述就到此为止。

第二十章

有关以货易货交易和合伙经营的众所周知的特殊分录；如何将其登入业务账簿。简单易货、复杂易货；在备忘簿、分录账和分类账中的账务处理举例。

现在开始举例说明一些特殊但又为大家所熟知的分录。在经商活动中，最好将这一些同另一些分开处理，从而能够更容易地看到它们各自相应的利润和亏损。这些记录涉及以货易货、合伙经营、代理人的旅行费用、自己的旅行费用、佣金收入、汇票或票据兑换，以及存货账户。以下我将清楚地向你们讲解有关这些账户的知识，以及如何有条不紊地将其登入你们的账簿，从而使你们能够在账务处理中避免差错。

首先我将阐述如何登记以货易货交易。

以货易货通常有三种类型，即简单易货、复杂易货和定期易货。因此，不论你们怎样在账簿上记录，首先应在备忘簿中详细说明易货方式和是否通过经纪人成交。

在易货交易按上述方法加以描述之后，应按照你所提供的货物的现时价值，对特定的货物进行货币计价。在备忘簿中使用何种货币，可由你自己选定，且无关紧要。因为簿记员随后还要将分录转记到分录账和分类账中去，并将记录交易的货币额换算为标准货币额。

如果没有记录易货的价值，你就无法或难以从有关的账簿和账户中了解自己的损益情况。

你也许愿意为易货交易中所收到的货物分别设立账户，因为这样将使你能够知道每一宗货物的损益数额。而且这样还有助于你了解哪一项交易是最有利的。

当然，你也可以将所有同类货物记入一个账户。例如，如果你原已拥有一批姜片，现在通过易货交易又收入了一部分，那么在分录账中编制分录如下：

借记"姜片"账户，捆装或袋装∥贷记"蔗糖"账户，××包，重××。姜片以下述方式同蔗糖交换：我将蔗糖估价为每百单位24塔卡特，并约定我应收取三分之一的现金。我将姜片估价为每百单位××塔卡特，为此我应提供蔗糖××包，重××。如果支付现金的话，每百单位蔗糖价值20塔卡特。在该交易中，对方特莱德先生为提供姜片，已收取蔗糖××包。

价值：L……，S……，C……，P……

如果你说不准为换取姜片所提供蔗糖的确切包数，那也不必焦虑。你可以在随后的分录中补正短缺数。因为你准确地知道蔗糖的重量和货币价值，所以其具体包数可以在作现金分录时得到补正。要登记所有细枝末节，也太勉为其难了。

对于所收到的任何现金，应以下述方式借记"现金"账户和贷记"蔗糖"账户：

借记"现金"账户//贷记"蔗糖"账户。从对方特莱德先生处收得易货交易现金。我提供蔗糖××包,重××。

价值:L……,S……,G……,P……

如果不打算为每宗货物分设账户,则应立即把同类项目登入分录账中的商品账户。但是如果愿意在分录账中分设账户,那么,编制分录如下:

借记"姜片"账户,姜片因易货交易从对方特莱德先生处取得//贷记"蔗糖"账户,等等(这里应如上所述说明一切细节)。

然后在分类账中也要分设账户。对其他易货交易来说,上面所讲的已足够了,不必再作进一步解释,你就能进行账务处理。

第二十一章

众所周知的合伙经营账户。

另外一个众所周知的账户是处理合伙经营或合资经营业务的账户。同其他人的合伙关系可能因任何原因并在任何贸易中存在，诸如布匹、丝绸、香料、棉花、染料以及货币兑换业务，等等。在三本账簿的每一本中，这些合伙经营的资本账户必须同你自己的资本账户分开登记。

在备忘簿中，当在账页顶端写上日期之后，应简要地说明合伙经营的细节。此说明应包括合伙经营的期限和条件，应注明合伙人之间已签署的有关契约和其他文件。其中应包括以下内容：

1. 合伙经营的期限。
2. 合伙经营的目标。
3. 打算雇用的雇员或学徒。
4. 合伙股份总数。
5. 每位合伙人在企业中的投资额（实物投资或现金投资）。
6. 合伙经营的债务和债权。

你应按每人投入的金额逐一贷记各合伙人账户，同时，如果没有同你自己的现金账户分开，就以同一数额借记现金账户。但是，如果你将合伙经营的现金同你自己的现金分开设账，你就能够更有

第二十一章

条理地管理合伙经营业务。当你本人就是合伙经营的主要负责人时尤其如此。在这种情况下，你应该设置一套独立的账簿。

如果在同一套账簿中设置了独立于其他所有账户的新账户来进行登记，对你来说将更为便利。我将说明如何简明地将合伙经营业务登入备忘簿，而后登入分录账和分类账。如果你另外设置一套独立的账簿，我就不再进一步讲解了，因为我前面所讲的知识已足够用于你的一切业务。以下是记入备忘簿中的业务：

今日我与合伙人 A 先生和 B 先生就合伙经营羊毛生意签署了合同。合伙经营的期限和条件详见某一书面契约；并在 ×× 年内有效。合伙人 A 先生投入现金 ××；B 先生投入法兰西羊毛 ×× 包，净重 ××，并以每蒲式耳 ×× 塔卡特计价。合伙人 A 先生还转入一些债权关系，列出债务人姓名和债务金额。因此，合伙人 A 先生的应收账款为 ×× 塔卡特，B 先生的应收账款为 ×× 塔卡特。我入股 ×× 塔卡特，合伙股份总计为 ×× 塔卡特。

将上述每一项都恰当地登入分录账，验明合伙经营的现金和资本。对于你要编制的每笔分录，均应验明合伙经营账户，从而使你能够同自己的私人业务分录区分开来。首先，要编制现金分录，然后再有系统地编制其他分录。

借记"合伙经营现金"账户∥贷记"合伙人 A 先生资本"账户（只要你加以验明，即使他与你还有其他往来账户，两者之间也不至于混淆）。今日，依据我们在书面文件中的约定，合伙人 A 先生入股现金 ××。

价值：L……，S……，G……，P……

用同样的方法，说明他们用来入股的其他东西：

借记"合伙经营法兰西羊毛"账户∥贷记"合伙人B先生资本"账户。计羊毛××包，净重××，每蒲式耳以××塔卡特计价。以上系以我们共同达成的合同或文件为依据。羊毛总值××塔卡特。

价值：L……，S……，G……，P……

继续处理其他项目时，你可将转入的有关债权登记如下：

借记合伙经营账户中"A先生应收账款"账户和"B先生应收账款"账户∥贷记"合伙人A先生资本"账户。按照我们的协议，合伙人A先生将其债权关系××转入，总计金额为××塔卡特。

价值：L……，S……，G……，P……

至此，已介绍了这些新的分录，不再多述。因为在本篇开始时我已指出不能对任何事情详述一切细节。我也不用多讲这些分录应如何过入分类账，因为哪些账项过入借方，哪些账项过入贷方，都是很容易理解的。根据第十五章所述，将其过入分类账；并按第十二章所述在分录账中将其注销；在分录账分录旁边填入分类账借方账项和贷方账项所在的页码；当已将这些分录登入分类账后，再将其列入检索表。

第二十二章

有关各种费用的分录，例如：正常的和非正常的家务费用、营业费用、雇员和学徒的工资。

除了迄今所讲过的账户之外，还应在你的账簿中设立以下账户：营业费用、正常家务费用和非正常家务费用，以及零用现金。你还要设立损益账户，或者可称增减账户、利润和亏损账户、利得和损失账户。这些账户对任何商业都是必要的，从而商人能够随时知道他的资本，以及期末进展如何。我将举例详细说明应如何编制有关的分录。

之所以要设立"营业费用"账户，是因为你不能将任何细小的项目都记入商品账户。现实的情况确实如此，因为在支付搬运工、过磅员、包装工、船员、驾驶员及其他人员的报酬时，常常会发生一些额外的费用，而且往往是付给这个人1个苏托，付给另外一个人2个苏托，等等。假如你分别为其设立账户，那就会过分烦琐而且得不偿失。正如谚语所说："官员不为繁文缛节所扰。"

你也可能雇用这些人员（驾驶员、搬运工、船员和包装工）去做各种不同的事情。你雇用他们在港口装卸不同的商品，并且一次付清所有的劳务报酬，但显然无法毫不费事地将这些费用分别记入各种不同的商品账户中去。因此，你应该设立一个称为"营业费用"的账户，该账户同其他费用账户一样，余额总在借方。店铺店员和学徒的薪金也可以登入这一账户，尽管也有人设立单独的账户以便掌握每年所支付的薪金总额。该账户不能有贷方余额，否则账簿中即出现了差错。因此，在备忘簿中应作如下说明：

今日，我们支付装卸某种货物的驾驶员、船员、包装工、过磅员等的报酬，共计××塔卡特。

然后，在分录账中需作如下说明：

借记"营业费用"账户，贷记"现金"账户。为支付某种货物的装船、运输、过磅及包装费用，共支付现金××塔卡特。

价值：L……，S……，G……，P……

在分类账中说明如下：

今日，借记"营业费用"账户，贷记"现金"账户，等等，第×页，等等。

价值：L……，S……，G……，P……

设置正常的家务费用账户是完全必要的。该账户用于记录谷类、酒类、木柴、油、盐、肉、靴子、帽子等支出，记录有关衣服裁制、羊毛服装、饮料、小费、理发匠、面包师、送水人、厨房用具、花瓶、玻璃杯，以及所有的水桶、器皿、盒子和箱桶等等的支出。许多人为这些项目分别设立账户，以便能够一目了然地掌握各个项目的具体数额。你不仅可以为这些项目设立账户，而且可以按照你的需要设立任何其他账户。但是我仅说明商人们不可或缺的那些账户。

你应该按我已讲述过的设立"营业费用"账户的方法设立"家务费用"账户。对诸如谷类、羊毛、酒类等大宗费用，逐日为其编制分录。同样，有很多人为这些项目分别设立费用账户，从而使他们能够在年末（或随时）毫不费事地查找为某一项目所支付的费用总额。

对于那些小额费用，如肉、鱼和理发费等，可在一个小袋子里存放一个塔卡特或两个塔卡特，并从该款项中进行小额支付。为这些零星项目分设费用账户是不可能的。在分录账中应作如下说明：

借记"家务费用"账户∥贷记"现金"账户。现金存储在一个供支付小额费用使用的小袋里，计××塔卡特。

价值：L……，S……，G……，P……

你可以将那些不是在正常营业过程中发生的非常费用记入家务费用账户。例如你参加各种娱乐活动的花费，或者可能丢失的、被盗的、海难或火灾中损失的货物或款项，这一切均应列为非常费用。你也可以为这些费用单独开设账户，从而在年末能清楚地知道全部非常费用的总额。这一账户还可以记录你以某种理由送给别人的礼物和馈赠。我将不再谈及这些费用了，因为我相信现在你们在进行账务处理时一定会比过去做得更好。

这个课题暂置一旁，我将向你们讲解如何在分类账和其他账簿中登记你的商店账户。因为如果你们打算亲自登账的话，懂得如何登记对你们来说是一件非常好的事，所以，你们务必关注。

第二十三章

登记店铺账户的次序和方法。怎样分别记录业主的和店铺的正式账簿。

如果你除住宅外，还有一间店铺，且店铺跟你的住宅不在一起，但却每天从你家中取得日常的供应用品，应按下述方法登记账户：对于你为店铺提供的日常货物，在你的账簿中借记店铺账户，同时逐项贷记你所提供的商品账户。要把店铺假设为你的一个债务人，所欠数额就是你提供的货物或你为之耗费的各种费用的总额。相反，对你从店铺提取的或收到的任何货物或款项，应贷记店铺账户，如同一个债务人正在逐渐偿还你的债务一样。这样，你就可以弄清店铺经营的损益状况，同时可以明白应做些什么及如何管理。

有些店铺的业主在他们的账簿中借记店铺经理账户。但是，非经经理同意是不能这样做的，因为在当事人毫无所知的情况下，你根本不应该将其名字作为债务人列入账簿。同样，在任何情况下，非经债权人认可，也不能将其名字列入账簿。如果你那样做，则是错误的，而且你的账簿也会被认为是伪造的。

对于你放置在店铺内的，按其特殊要求，为经营所不可或缺的设备，借记店铺账户，或者借记为管理该项设备的个人所设立的账户。例如一个药店，你必须为其提供经营所需的瓶子、煎锅、铜制

第二十三章

器皿等等。店铺的经理应亲笔开列一份收到这些设备的清单，或者指定某人代他处理此事。这样一切都将井然有序，条理分明。对于一个你已将一切管理事宜委托给他人或雇员的店铺来说，这些说明已足够用于账务处理了。

但是，如果你打算亲自管理店铺，那么以下列方式处理账务，一切都将稳妥。假设你的所有经商活动均通过这个店铺进行并且没有任何其他经营活动。如果情况是这样的话，那么，不论是买进还是卖出，可按我前面章节中所述的方法登记账簿。如果是赊购货物，应贷记供货账户；或者，如果你以现金购买的话，就贷记现金账户。同时，为采购业务借记店铺中的账户。如果你是零售货物且金额不超过4个塔卡特或6个塔卡特的话，可将这些钱款存放在一个小箱之内。8天或10天后将箱内积累的现金取出，并以其总额借记"现金"账户，贷记商店的有关账户。其分录为贷记各种已售出的商品账户（你已经为它们分设了账户。关于这一点我不准备多讲，因为前面已有足够的说明）。

现在你应该明白如何进行账务处理了，因为账户无非是用书面形式表示你的经营业务的适当次序而已：据此你可以全面了解经营状况和经营成果的好坏。正如谚语所说："不谙经营之道，坐视钱财白耗。"根据经营活动的状况，你将能够根据需要加以补救。关于这个论题的阐述就到此为止。

第二十四章

将有关银行往来的账目登入分录账和分类账。汇票——或是你同银行往来,或是作为银行家同他人往来。汇票的收据——它们的含义,以及为何要复写双份。

当你同诸如设在威尼斯、布吕赫、安特卫普、巴塞罗纳以及其他一些著名商业中心的银行有业务往来时,必须细心地登记与其有关的账目。为了更为安全,或为了便于向诸如彼得、约翰、马丁等客商进行日常支付,将钱存入银行是很普遍的做法。银行汇票就像具有公证效力的文件一样,因为它受到政府机构的控制。

如果你将钱存入银行,借记银行账户、银行业主账户或银行合伙人账户,同时贷记"现金"账户;并在分录账上做分录如下:

×日,借记"里普麦尼银行"账户//贷记"现金"账户。由我或他人存入我账户的现金,金币或其他货币,共计××塔卡特。

价值:L……,S……,G……,P……

为了更安全,银行家会给你一份书面证明。如果同一天你又存入另一笔款项,则取得另一份收据。依此方式,一切将总是十分清楚。

有时银行方面并不出具这样的收据,因为银行账簿总是公开的和可靠的。但为了安全,最好还是要索取这类收据,因为对商人来说,手续越清楚越有好处。

用银行业主的名字或用银行合伙人的名字记录你与银行有关的账目,并无差别。同样(按前述方法),用银行的名称开设账户也无关紧要,因为这同用银行业主或银行合伙人的名字开设账户是一样的。如果用银行业主的名字设账,则应这样表示:

借记"盖欧里莫·里普麦尼先生"账户,银行家,以及合伙人(如果不止一个,都应列出),贷记"现金"账户,等等(继续完成分录的有关内容)。

你应在账簿上逐项说明书面契约中的全部有关协议、期限和条件,及其存放的地方(如文件箱、信袋、大衣柜等),以便于将来查找。这些文件应作为交易的永久性记录妥善保管,以应付可能出现的麻烦。

由于你与银行家可能同时保持着数种不同的业务联系(自己的或代理的),为防止将一种业务与他种业务相混淆,你必须分别设账记录,否则将会产生混乱。在分录中应这样说明:"记入为某特殊事项设立的账户,或记入马提诺先生账户,或记入某商品账户,或记入以你的名字或者其他人的名字开设的存款账户。"我相信你能够处理好这类分录。如果别人汇款给你,仍然以相同的方式登记有关账户。以汇款金额借记"现金"(或银行)账户,贷记"汇款人"账户,并说明该项汇款是部分付款还是全额付款。照此办理,一切将正确无误。

当你从银行提款付给别人或者向国外客商汇款时,只需按前述方法相反处理即可。如果提取款项,即以提取金额借记"现金"账户,贷记银行账户或银行业主账户。如果授权银行代为支付,即以支付金额借记收款人账户,贷记银行账户或银行业主账户,并说明支付原因。关于第一种情况,应在分录账中说明如下:

借记"现金"账户∥贷记"银行"账户(或"盖欧里莫·里普麦尼先生"账户)。提取现金以备今日或他日已用,总计××塔卡特。

价值:L……,S……,G……,P……

如果你授权银行付款给马提诺先生,则应这样说明:

借记某地的"马提诺先生"账户∥贷记"银行"账户。即日我委托银行付款××塔卡特,这是部分付款、全额付款或偿还借款。

价值:L……,S……,G……,P……

必须将这些分录从分录账过入分类账,并将其列入检索表,同时在备忘簿和分录账中将其注销。

当在别的地方如在伦敦、布吕赫、罗马、里昂等地汇款或提款时,应用同样的方法处理。要在通知函件中说明业务的期限和条件,说明这些汇票是见票即付还是在指定时间支付,或者由受款人随时提取。同时还要在汇票上注明第一联、第二联或第三联。这样才不至于在你和你的代理银行之间引起任何误解。你还要说明提取或汇出的货币种类、金额、佣金、费用以及被拒付后发生的成本和利息,这样即能记明交易的条件。在处理同银行的往来时,应沿用这种方法。

反之,现在假设你是以相对的方式经营业务的银行家。当你支付款项时,借记特定的受款人账户,贷记"现金"账户。如果债权人(没有提款)授权你代为支付,则在分录账中这样说明:"借记某

第二十四章

债权人账户//贷记指定的受款人账户，等等。"于是，在你仍然作为债务人的同时，即可以这种方式将款项从一位债权人的名下转入另一债权人的名下。在这样的处理中，你实际上充当了中间人的角色（如同作为证人和有关方面的代理人一样）。由于你耗费了墨水、纸张、房租、时间和精力，你可以抽取一笔应得的佣金，这样做是完全合法的。即使是在通过汇票进行转账的过程中并不存在损失的风险，抽取佣金也无可非议，因为如同在兑换交易中一样，你不能确定将金钱转入第三者之手的风险大小。

如果你是银行家并要结清债权人的账户，必须要求他们退还他们可能持有的全部票据、凭证、通知单以及其他经你签字的书面文件。无论何时，只要你出具了这类凭证，都要在账簿中加以注明。随后在需要时，你即能够向债权人追回这些文件并将其销毁，从而避免别人持有这些文件再次前来索取款项。

必须索取必要的收据。例如，你可能从日内瓦来到威尼斯，持有一张佛罗伦萨的杰奥万尼·佛莱士柯贝尔底家族公司的汇票，该汇票可能是见票即付的，也可能是在指定日期支付的，或者是持票人随时可提取的，其面额为100塔卡特（具体多少取决于你付给出票人的金额）。随后，当上述的杰·佛家族公司对该汇票表示承付并按面额如数付款时，他们将向你索取两份经你签字的收据（如果这一业务的任一方当事人不知如何书写收据，则由第三者或中间人代为办理）。他们不会满足于一联收据，因为他们为了表明汇票业已承付，而必须向要求他们支付给你100塔卡特的日内瓦银行寄送一联收据。为此目的，他们将寄出一联经你签字的收据，同时保留另一联备用。这样，当他们与其他银行结算时，有关银行就无法否认这一业务。如果你回到日内瓦,你也无法抱怨当地的银行家或者杰·佛家族公司。如果你抱怨的话,日内瓦的银行家就会出示经你签字的收据,从而使你处于窘迫的地位。由于现时不诚实的风气甚盛,就更应该采取这样的预防措施。

这一交易应在分类账中过入两个账项:一项过入杰奥万尼先生的账户,借记出票人;另一项则过入你在日内瓦的代理银行账户,贷记杰奥万尼先生账户,金额为100塔卡特。你出具的表示汇票已支付的收据是这些账项的记账依据。

这是全世界银行家通用的记账方法,由此可以清楚地反映他们的交易。所以,尽管很麻烦,你还是应该极其认真地将所有业务都加以记录。

第二十五章

收入和费用账户：分类账中的常设账户。

有些人在其账簿中设置"收入和费用"账户，用以记录非常事项或任何他们认为合适的其他事项。也有人设置非常费用账户用以记录他们送出或收到的礼品。这类账户包括借贷事项，记录他们所送出的、收到的和现存的东西。在期末，当所有有关账户结账时，即将该账户的余额转入损益账户。然后再将损益账户的余额转入资本账户，这一账务处理将在第三十二章加以阐述。

实际上，对于所有这些业务，设置一个"家务费用"账户就足够了，除非有人为满足个人癖好而愿意为每一琐事（甚至皮鞋带）分设账户。但是过分琐碎毫无好处，账务处理应尽可能简明扼要。

在某些地区，人们已习惯于为"收入和费用"账户另立账簿，该账簿同经过验证的其他账簿一起结账。这一惯例无可非议，唯其工作量较大。

第二十六章

在账簿中怎样作出有关外出经商旅行的记录。为什么必须为此设置两套分类账。

旅行通常有两种方式：亲自外出和由他人代劳。因此形成了数种有关旅行的账务处理方法。不论亲自外出还是由他人代劳，均需设置两套账簿，一套分类账放在家中，另一套随身携带。如果你亲自外出，则须为随身携带之物开列一份财产目录。同时还需准备简易的分录账和分类账带在身边，并按前述方法登记有关事项。

如果你销售、购买或交换货物，即借记或贷记有关的个人、物品、现金、在外经商资本、在外经商损益等账户。无论别人怎么说，这是最明确无误的方法。

你外出经商时，应因为商号向你配备货物而设置商号账户。这种情况下，在简易分类账中，贷记商号账户，同时逐一借记各种货物账户。因此还要设置商品账户和你名下的"资本"账户，其方式应与主要账簿同样地井然有序。

当外出经商顺利结束时，即将交易所得的款项或换回的货物交还商号。然后结清与商号的往来账户，并将相应的利润或损失恰当地结转到你的主要账簿中。照此办理，你的业务经营将保持条理分明。

　　但旅行如果是由别人代劳的话,你应将委托他人的所有货物借记为其设置的账户,说明如下:"借记'西尔斯曼先生'账户,委托他外出经商,等等。"将所托付的全部货物和款项记入为他设立的账户,就如同他是你的一位顾客一样。他自会准备简易分类账,将你委托给他的一切钱财贷记在你的名下。当返回时,他将同你结清账户。如果你的代理人出了差错,(你就有订正其账户的基础。)[①]

　　[①]　帕乔利没有写完这句话,原书在本页末留有一行空白。括号中的句子是我们所加的。

第二十七章

众所周知的"损益"账户,或称"利润与亏损"账户。在分类账簿中如何设置这个账户。为什么"损益"账户不像其他账户那样列入分录账簿。

在所有交易均已记录之后,应加设一个账户。这个账户在不同地区的名称各异,如"损益"账户、"利润与损失"账户或"增减"账户等,分类账账户中凡结转这个账户的所有其他账户,均需结清。登记该账户的分录不列入分录账簿,而仅列入分类账簿。这些分录与其他分录不同的地方,在于它们直接来自诸账户的借、贷余额,而不是直接来自交易本身。

在损益账户中应这样编制分录:借记"损益"账户,贷记"损益"账户。例如,如果你在某种商品上蒙受了损失,这在相应的分类账账户中表现为借方余额,你就应在同一账户的贷方加上一个使借贷平衡的数额。然后在分类账商品账户中作如下说明:"我将为平衡这些商品账户的损失所作的贷项记入'损益'账户的借方,等等。"注明该分录转入"损益"账户的页数。然后借记"损益"账户,说明如下:"×日,借记'损益'账户,某商品所蒙受的损失××,为平衡这些损失已贷记有关商品账户,见第×页。"

第二十七章

　　如果某商品账户出现贷方余额，即表明取得了利润而不是蒙受了损失，则以相反的方向进行账务处理。

　　对所有商品账户和其他账户，不论其结果的好坏，均按上述方式编制分录转入损益账户。这样，你的分类账簿中的有关账户总会结平，即借方总额等于贷方总额。这是检查分类账记录是否正确的方法；同时，你对你的经营是获利或亏损，金额多少，也就能够一目了然了。

　　"损益"账户也要结平，并将其余额转入列在分类账簿中最后面的"资本"账户。结果，资本账户就成了所有其他账户的最终归宿。

第二十八章

分类账账户的账页填满时，应如何结转。账户结余应转入何处才能避免在分类账中舞弊。

当一个账户的账页业已填满，不能再登入任何借贷账项时，必须立即将该账户转到所有其他账户的后面。在该续立账户与原列在最后的那个账户之间，不应当留有任何空白间隔。否则即有在账簿中舞弊的嫌疑。

结转账户的方法类似上述将账户余额结转"损益"账户所用的方法。账户本身的结转，只需将借方或贷方余额在分类账簿中转账，因为转账账项并不会涉及分录账簿。在分录账中列示转账账项是允许的，但毫无必要，这样做既麻烦又无益。你所要做的只是将账户中总额较小的一方增大，就是说，如果账户余额在借方，就将借贷之差加到贷方去。下面的例子将有助于你理解。

假设由于交易业务繁多，为"马提诺"开设的账户已填满，因而必须将其从分类账的第30页转出。再假设你的分类账簿中最后一个账户是在第60页的上端，而且在同页有足够的空间来容纳转来的"马提诺"账户。假设他的账户中借方总额为 L 80, S 15, G 15, P 24, 贷方总额为 L 72, S 9, G 3, P 17（表明他所给你的）。

第二十八章

借方总额超过贷方总额 L 8，S 6，G 12，P 7，这些数额应转入新开设账户的借方。因此，将相同数额加到原账户的贷方栏使其借贷平衡，说明如下：

某日，贷记"马提诺"账户。我将本账户结余的借方余额 L 8，S 6，G 12，P 7 转入第 60 页，同时在此记入相同数额以结平账户。

价值：L 8，S 6，G 12，P 7

然后在借贷双方画一斜线注销原来的账户。接着翻到第 60 页填入借方余额。如果该页的顶端还未注明年份的话，则应先行写上。你应这样登记：

某日，借记"马提诺"账户，按原账户账页的借方余额贷记"马提诺"账户，将其结清。见第 30 页。

价值：L 8，S 6，G 12，P 7

用同样的方法结转所有的账户，在任何两个账户之间都不允许留有空白间隔。账户总是要按其所在位置及记录时日的原始顺序开设，这样就不致为人指责。

第二十九章

如果账簿不是每年结清，应如何在分类账簿的分录间改变年份。

在结清账簿之前，你可能偶尔会变动分类账账户中的年份。在这种情况下，将年份填在新年开始后第一笔分录的紧接上端的边上。以后的所有分录可理解为在新的年份中发生。

但是，每一年都结清账簿是一个好办法，当你与他人合伙经营时尤为如此。正如谚语所说的那样："账目常清，友谊长存。"

第 三 十 章

如何为债务人或雇主编制账户摘录单,如果你是管理他财产的经理或代理人。

除了已经述及的文件之外,还必须懂得如何依照债务人的请求为其编制账户摘录单(或说明)。债务人的这种正当请求是没有理由加以拒绝的,在他与你保持着长期往来的情况下尤其如此。摘录单可以从第一项交易发生的时间开始;也可以从先前已经结账的某一事项开始;也可以从债务人所希望的任何一个时点开始。你应该尽心地按其要求办理。

将某一账户中的所有账项列在一张足以容纳它们的纸上。如果纸的一面登记不下,就将其余额移到另一面。直到所有的账项全都记录之后,再将它们抵减为该账户应显示的借方余额或贷方余额。必须仔细地编制该账户的所有说明。

前述方法是用来调整你的账户使其与顾客的账户相一致。但是,如果你作为根据别人的授权或命令行事的代理人,则仍要按照类似的方法为雇主编制这种账户说明。要按照账户在分类账簿中的同样顺序去编制,并按照契约规定及时将你应收取的佣金贷记在你名下账户。期末,根据账户余额或者将自己视作雇主的债务人,或者视作债权人（如果你为其预付了任何款项或货物的话）。雇主将会把你的账户说明同他的账簿相核对，如果正确无误，他就会更加喜欢和信任你。为此，你应亲笔将他交给你的所有钱财都有条不紊地记入账簿。

另外，如果你就是雇主，你可能会让自己的代理人、办事人员等为你的顾客编制这些账户说明。但是，在送出账户说明之前，所有账项应仔细地同分类账、分录账和备忘簿中的每一笔分录以及其他任何有关的凭证逐一相核对，这样才不至于在双方之间发生差错。

第三十一章

如何更正一个或多个登错地方的账项。由于疏忽大意,这种错误时有发生。

优秀的簿记员应该懂得如何改正由于疏忽大意而登错地方的账项,拿佛罗伦萨的话来讲,就是校正误差。例如,如果他将本应记入贷方的账项记入借方,这就是记错了方向;如果他将本应记入"马提诺"账户的账项记入了"杰奥万尼"账户,这就是记错了位置。

不论人们如何勤奋细致,错误总是难免的。正如谚语所说:"无所事事者不犯错误,而吃一堑则长一智。"

应按下述方法改正错误的分录。例如,如果本应记入贷方的分录记入了借方,就在贷方以相同的金额填入另一分录,说明如下:

某日,在这里原已误记借方的金额应记入本页的贷方。

价值;L……,S……,G……,P……

上述分录的金额即为由于疏忽而错误过入借方栏的金额。在这两个分录之前均打上交叉号或其他符号,这样,在编制账户说明时你就会将其剔除。在将校正分录填入贷方栏之后,账户就变得好像你根本就没有在借方栏内填写过东西一样了。然后按应该做的方式在贷方栏登记分录,一切就正常了。

第三十二章

分类账簿怎样结账,怎样将旧分类账簿的账户转到新分类账簿；分类账簿与分录账簿、备忘簿及其他凭证的核对方法。

熟记了前面所讲的内容之后,当你想设立一套新分类账簿时,必须注意如何将有关账户从一套分类账簿结转到另一套分类账簿。当旧分类账簿填满时,或者在新的一年伊始,就会遇到这种情况。在那些最有名的地方,如在米兰,巨商大贾已习惯于每年一次更换他们的分类账簿。

将账户结转到新分类账簿中,连同下面将要阐述的一系列处理方法,统称为"结清分类账簿"。只有细心和勤勉,才能将此事做得令人满意且井然有序。你要按照下列方法处理：首先,应寻找一个助手,因为你一个人很难独自完成这项工作。为了更为谨慎,将分录账簿给他,你自己则保留分类账簿。其次,从分录账簿上的第一项分录开始,叫助手读出该分录被过入分类账簿的两个页码,先读借项,后读贷项。你必须在分类账簿中找到所读账页并检查有关记录(种类、事因、当事人及金额等方面)是否相符。如果相符就予以肯定。分类账记录与分录账记录核对相符之后,即在里拉符号上

第三十二章

面或其他地方打上核对号、圆点或其他适当的标记，表示已经核对过，所用标记以清晰可见为准。同时要求助手在分录账的相应分录上也打上标记（所用标记在很大程度上取决于当地习惯）。要注意，对同一项记录应避免一个人打了标记而另一人没打，否则将可能铸成大错。一旦记录被打上标记，那就等于说明这项记录是正确无误的。

在为你的债务人编制账户说明时也可采用上述步骤。在送出这些账户说明之前，必须将它们同分类账、分录账以及其他任何可能记载有关交易记录或细节的文件相核对。

以此方法将分类账簿中的所有账户同分录账中的分录核对完毕，并确信借、贷账项相互对应之后，就表明记录恰当而且正确无误。

必须注意：你的助手应为分录账中的每笔分录打上两个核对号、圆点或者其他标记，而你在分类账中对每一账项则只需打上一个标记。这是因为，分录账中的每一分录都是作为两个账项过入分类账的。

在核对分录账中的余额时，最好将两个核对号或者圆点打在里拉的上边（一上一下）。这可表明分类账中借、贷账项均为正确。也有人在"Per"前边作一标记表示借项已经核对，在里拉后作一标记表示贷项也已核对。上述两种方法均可采用。如果你在核对分类账簿中借项的同时也核对贷项记录并打上标记的话，那么，仅在分录账簿上使用一个标记（借项核对标记）也是可行的。这是因为分类账簿的借项分录已经注明贷项所在的页码，从而使你能够立刻找到有关账页。这样，助手就不必再报贷项页码了，因为将借项同分录账分录核对之后，你可在分类账中自行检查贷项。但是，你和助手使用前面一种方法更为方便。

　　检查完分录账的所有分录之后，你可能发现在分类账中有些账户或分录的借项或者贷项未打标记，这表明分类账的记录出了差错，即过账时多过了不必要的借方账项或贷方账项，你应该立即以相同的金额按相反的方向再记一笔账以校正这一差错。如果多余的账项在借方，你就在贷方作一同样的记录，反之亦然，从而使一切保持正确无误。

　　你的助手也可能发现分录账的某些分录在分类账中找不到对应账项，这也表明分类账的记录出了差错。应再次进行校正，但所用的方法不同。立即将未过账分录的借方和贷方过入分类账，并说明时间间隔的原因，因为这时过账的日期可能已经远远迟于应过账的日期。优秀的簿记员总会注明时间间隔并说明其发生的原因，从而使账簿免受怀疑。这样，优秀的公证人在他的文件中就不会指责账簿中有所增添或遗漏。优秀的簿记员应该这样做，以维护商号的信誉。

　　如果上述的分录在过账时仅过了借项或贷项，则只需将遗漏的账项立即补在适当的地方，同时说明这是疏忽所致。照此办理，所有的账户均将得以校对更正。如果全部账项相符，你即可断定分类账簿正确无误且登记完好。

　　有时你会发现分类账中的某些账项无法在分录账中找到可核对的相应分录，因为在分录账中根本找不到它们。这些账项表示为结清某些被结转账户而过入借方或贷方的余额。应根据被结转账户中注明的页码，在分类账中找到与这些余额有关的账项。在适当

第三十二章

的地方找到了相应的账项之后，你自会得出分类账记录井然有序的结论。

分类账簿同分录账簿相核对的规则，在分录账簿同备忘簿核对时也应遵守。如果你按本篇开头所讲的方法使用备忘簿的话，这种核对应逐日进行。如果你还使用其他的账簿，同样也要照此核对。但是，最后进行核对的账簿是分类账簿，在此之前应核对的则是分录账簿。

第三十三章

在结清账簿期间可能发生的交易应如何记录。为什么这时不应在旧账簿中变更或编制任何分录。

当你确信所有账簿中的记录均已正确无误之后,应懂得在登记原始记录的旧账簿如备忘簿和分录账簿中不能编制新的分录,并且也不能过入分类账簿。这是因为结账是假设要在同一日内完成的。如果在结清和结转账簿期间确有交易发生,应将其记入新的原始记录簿。但是,在旧分类账簿的余额还没有转入新分类账簿之前,不能将其过入分类账。

如果一套新的账簿尚未准备就绪,可先将这些交易、发生日期及其说明摘要记录在另外的纸上,直到新账簿准备就绪为止。新账簿启用时,即将这些记录填入带有新标记的账簿(如果已经结清的旧账簿的标记为神圣的十字架符号,则在新账簿上标上字母 A)。

第三十四章

结清旧分类账簿中所有账户的方法。编制列示所有借方余额和贷方余额总计的试算表。

账簿记录的正确性经验证之后,可按下述次序结清各分类账账户:从"现金"账户开始,然后"应收账款"账户(债务人账户),再后"商品"账户,如此等等。将这些账户的余额转入新的分类账簿。如前所述,这些余额不必记入分录账。

汇总所有有借方余额和贷方余额的账户,在金额较小的一方加上一个平衡差额,就像这些账户的余额结转到同一账簿中另一账页时所做的一样。但在这时,是将账户的余额从一套分类账结转到另一套分类账中去。旧分类账中的账页索引是指各账户余额转入新分类账簿的账页页码,因此,在从一套账簿向另一套账簿结转时,所有账户均只需在每一分类账簿中记录一次。这是分类账簿中各账户唯一的最后一笔记录。

以下列方式进行结转:假设在你的标记为"十"的分类账簿第60页的"马提诺先生"账户有借方余额 L 12, S 15, G 10, P 26, 它们应被结转到标记为"A"的分类账簿的第8页。因此,应在分类账簿"十"中"马提诺先生"账户的所有账项之后,贷记这个差额,说明如下：

某日，贷记"马提诺先生"账户，借记已过入分类账簿 A 第 8 页的同一账户，金额为加在此处以结清该账户之余额。

价值：L 12，S 15，G 10，P 26

然后在原账户的借贷双方画上斜线，表示注销。这一方法已在账页结转一节讲过。为使账户借贷相等显得一目了然，可加计借贷双方总额并分别填在借方栏和贷方栏的底部。

当借记分类账簿 A 时，应先将年份列在账页之顶部，然后将日期与过入的账项一起填写（其理由已在第十五章讲过）。说明如下：

某日，借记"马提诺先生"账户，贷记分类账簿"✝"中的同一账户，金额为从分类账簿"✝"第 60 页转来且已填入贷方以结清该账户的余额。

价值：L 12，S 15，G 10，P 26

以同样的方法结转分类账簿"✝"中所有你打算转入分类账簿 A 中去的账户，如："现金"账户、"资本"账户、"商品"账户、"私人动产和不动产"账户、"应收账款"账户（债务人账户）、"应付账款"账户（债权人账户），以及与贸易行往来、经纪人往来和公共过磅员往来等账户（有时与这些人有长期往来）。那些你不准备结转到分类账簿 A 中去的私人费用账户和那些与他人没有关联责任的账户，应予结清，即在原分类账簿"✝"中结转入"损益"账户，或"增减"账户，或"利润和亏损"账户（有时所用名称不同）。"营业费用"账户、"家务费用"账户，以及所有其他非常费用（租金、养老金、交纳封建领主的贡金等）账户均属此类。将这些账户结转到"损益"账户的借方栏，因为费用账户鲜有贷方余额；同时贷记各费

第三十四章

用账户金额较小的一方以结清该账户。此外，借记收入账户中金额较小的一方，同时贷记"损益"账户，并说明如下："贷记本分类账簿某页之'损益'账户，等等"。这样，所有这些不同的账户就都结转到分类账簿"十"中的"损益"账户了。通过加总这个账户的借、贷账项，即可判定盈利还是亏损，因为"损益"账户结出了余额，也就等于知道了上述所有账户的借贷之差。必须扣减的项目已扣减，必须加计的项目已加计。如果这个账户的余额在借方，其数额即为你的账簿开设以来，或者自从上次结清账簿以来，你在经营业务中的亏损总额。如果余额在贷方，其数额则表示你在同时期内的盈利。

通过"损益"账户的余额，确定了你是亏损或盈利之后，应结清这个账户，并将余额转入"资本"账户，在这一账户中完整地记录着你在开业初期的财产盘存。"损益"账户应按下述方式结清：如果损失超过盈利（愿上帝保佑每一个虔诚的基督徒免遭此难），即按通常的方法贷记"损益"账户："某日，贷记'损益'账户，借记'资本'账户，金额为本账户中所显示的亏损额，×页。价值，等等。"然后，按照前述方法，在借贷双方画上斜线注销"损益"账户。同时应将账户中所有的借项和贷项分别加计总额（双方应相等）列入各栏的下端。然后借记"资本"账户：

某日，借记"资本"账户，贷记"损益"账户。金额为结清××页"损益"账户而贷记的亏损额。

价值：L……，S……，G……，P……

相反，如果盈利（"损益"账户的余额在贷方），即以足够轧平账户的金额借记"损益"账户。注明"损益"账户将予结转的"资本"账户的页码。然后将相同的数额贷记"资本"账户，即反映所有私人动产和不动产总额的一方。"资本"账户总是分类账簿中的最后一个账户，从中你可知道你所拥有的全部财产的总价值。"资本"账户反映你商号的全部价值，它概括了你已转入分类账簿 A 中去的所有账户以及结转于"损益"账户后进入"资本"账户的全部借方余额和贷方余额的净差额。

然后，分类账簿"✝"中的"资本"账户，应同其他未结清账户一起结清，并转入分类账簿 A，以总额结转或者逐项结转均可。尽管采用哪种方法结转都是可行的，但习惯上还是采用总额结转法。这样将使你对自己商号的全部价值一目了然。

不要忘记，在把各个不同账户登入检索表的适当地方之前，要把分类账簿 A 的页码编好。这样，在需要时就能很容易找到有关账户。旧分类账中的所有账户，连同与之有关的分录账和备忘簿，均应结清。

为使结账中的一切事宜条理分明，应将分类账簿"✝"中所有账户的借方合计数列在一张纸的左边，同时将所有账户的贷方合计数列在右边。然后分别加总所有的借项（称为总额）和贷项（同样称为总额）。首先加计借项总额，其次加计贷项总额。如果借贷双方的总额相等，根据第十四章所述的道理，你就可得出结论：分类账的登记和结账均正确无误。但是，如果一方的总额大于另一方，则说明分类账中出了差错。你必须运用上帝赋予你的智慧并借助于已经学到的知识，细心地查找错误。本篇开头已经提到，对于一个优秀的商人来说，胜任自己的工作是非常必要的。如果你在你的经营活动中不能成为一个良好的会计人员，你就得像一个瞎子那样摸

第三十四章

索着前进,并且可能遭受巨大的损失。因此,应认真学习并有极大的耐心,尽一切努力使自己成为一个优秀的会计人员。我在适当的地方及时地提出了所有必要的规则,这已经向你们指出了如何成为优秀会计人员的捷径。你们可以从本书开头部分的内容目录中,查找你们所需要的所有有关知识。

在第十二章,我曾承诺为你们提供一份综述簿记论这一篇最基本内容的摘要。它将包括截至本章所讨论的内容。毫无疑问,这是非常有用的。

请记住为我祈祷上帝:为了对主的赞美和荣耀,我将一如既往,继续努力。

第三十五章

怎样保存以及按什么顺序保存交易凭证底稿、机密信件、保险单据、诉讼传票、法庭判决和其他重要文件。重要信件的登记。

有关付款单据的底稿、汇票或商品的收据,以及机密信件等文件的保存方法和顺序如下所述。对那些备受尊重的商人而言,这些文件异常重要,但是它们被丢失的危险也相当大。

对顾客寄来的机密信件,应将其存放在一张小书桌的抽屉里,直至月末。在每封信的外边写上收到的日期和复信的日期,到月底捆成一札存放起来。每月均应这样处理一次。到了年末,再将各自的信札集中捆成一大札,注明年份后存放起来。不论何时需要某年的信件,只要在该年的信札中查找即可。

在办公桌上应摆放一些信袋,以存放那些你的朋友寄来的并将同你的信件一道寄出的信件。如果信件要寄往罗马,就将其放入标有"罗马"字样的信袋。如果要寄往佛罗伦萨,就放入标有"佛罗伦萨"字样的信袋,如此等等。当派遣信使时,将这些信件和你写的信件放在一起,然后一同寄送到某地你的代理人那里。凡有助益的,总是一件好事。

第三十五章

为了得到更好的服务，付给信使小费已成习惯。信使腰扎一条布带，上有许多口袋用以携带信件。口袋数量应同有商业联系的地方一样多，如罗马、佛罗伦萨、那不勒斯、米兰、热那亚、里昂、伦敦、布吕赫等等。在每一口袋上应写明正确的目的地，一只口袋写上罗马，另一只写上佛罗伦萨，如此等等。将你朋友给你的托你转往这些地方的信件放入相应的口袋。

在写回信或送信给他人时，要在信件的外面注明送信人、收信人、发信人以及发信日期。

不论交易额的大小，千万别忘了在你的全部交易中记录日期。尤其是在信件中，必须十分注意写上年份、日期、地点和你的签名。商人们已经习惯于将自己的名字签署在信末的右下角，而将年份、日期和地址写在信首。但是首先记住，应像一个虔诚的基督徒那样，写上我们救世主的荣耀名字，基督耶稣亲切的名字（或者以神圣的十字架记号代替），所有的业务均应在他的名下进行，如："十，1494年，4月17日，威尼斯。"

然后接着写："我亲爱的……"。学生和其他非经商的人们，如僧侣和牧师，常将日期和年份放在信末。如果不写日期肯定会引起混乱，而且会招人嘲笑。这是因为人们认为不注日期的信是在深夜所写，不写地点的信则是在另一世界而不是在这个世界里写的。除了受嘲之外，还会引起混乱，这更为糟糕。

在信件寄出之后，应将需要迅速得到回复的置于适当的地方。前述对一封信的要求同样适用其他所有信件。你要注意，在寄发重要信件之前，首先应在一本特设的簿籍中登记。在登记簿中，对重要信件，如货币兑换的信件、提供货物或支付款项的信件等等，应逐字抄写。如果信件不太重要，那么只需记录一些相关的资料，如："今日，我们已写信给考莱士邦登特先生，并按他××日的来信，已向他发出了某货物。在上述来信中，他要求我们给付或者付给我们一笔佣金，等等。此信已被放入某袋子。"

将信封好并写上地址之后，许多人习惯于在封面上印上他们的特殊记号。这表明该信件是受到人们极大关注的商业函件。在本篇开首已经提到，商人是共和国的中坚力量。

为了达到同样的目的，最受尊敬的红衣主教也将他们的名字写在信的封面。这样就没有人能够宣称他不知道此信是谁发出的了。罗马教皇的信件是不封口的，这样，信件的内容如教皇的敕令和恩赐等，即可为人所知。但是，对于那些机密之事，也常常使用"渔翁封印"（即圣彼得封印）。

你的所有信件都要按月按年捆扎，并且有秩序地存放在安全的橱柜或有盖木箱之内。信件存放应以收到日期为序，以便在需要时能很快查到。这一点不必赘述，因为我知道你们懂得这些道理。

应将与债务人账户有关的函件副本保存在更为机密的地方，如私人木箱或匣子等等。同样，为防止意外，还应将有关的收据存放在安全的地方。不管怎么样，当你在向别人支付款项时，应按我在本篇开头所讲，要求他们在收据簿中填写收据，这样任何收据就不易丢失或误放地方了。

下述文件也应在不同的地方妥善保存：第一，进口保险单（如那些非常知名的经纪人出具的保险单）；第二，商人或过磅员的凭据；第三，盖有印章的凭以在海运或陆运海关中存放或提取货物的文件；第四，法庭判决，执政官或其他政府官员所颁布的法令；第五，写在羊皮纸上的各种类型的公证证件；第六，与法律诉讼有关的检察官或律师所写的函件、状词和记录等的副本。

　　应在一个称为记事簿的单独设立的簿籍中，极为仔细地将那些易忘的和会使你蒙受损失的事情加以记录。每天都应如此。每天晚上就寝之前应将其浏览一遍，看看那些应做的事情实际上是否已办理。然后用笔将那些已完成的事情划掉。同时也可以记录下你的朋友或邻居临时借用一天或两天的有关物品，如商店的瓶子、锅子或其他器皿，以便证明和提醒自己。

　　你们必须遵守这些规则以及前面已经讲过的其他有用的规则。当然，对于你们自己特定的目的来说，根据时间和地点条件，可以扩充或减少这些规则。在经营活动中不可能就所有事情都逐条地列出规则。正如谚语所说："成功的商人比杰出的律师需要更多的技能。"因此，如果你能够正确理解前面所讲过的全部内容，你就能够精明而成功地从事自己的商业事务了。

第三十六章

登记分类账簿的规则和方法概述。

1. 所有贷项必须写在分类账户的右边,所有借项必须写在左边。

2. 所有过入分类账簿的分录必须由两个账项组成,一个借项和一个贷项。

3. 每一借项和贷项均须包括三项内容:日期、金额,以及入账原因。

4. 借方账项过账中的第二个或后一个账户名称必须是贷方账项过账中的第一个账户名称。

5. 借方账项与贷方账项应在同日过账。

6. 应编制分类账簿的试算表,方法是:将一张纸对折,然后将账户的借方余额填列在左面,将贷方余额填列在右面。分别加总借、贷两方,可以看到借方余额和贷方余额是否相等和分类账簿记录是否正确。

7. 分类账的试算表必须平衡,即借方总计必须等于贷方总计。否则,分类账中一定出了差错。

8. "现金"账户的余额应在借方,或者没有余额。否则,该账户一定出了差错。

9. 非经当事人的同意和认可，不能将任何人名作为债务人列入分类账簿。否则，所设账户将被认为是伪造的。同样，非经债权人的同意和认可，不得在债权人账户的贷方附列期限和条件。否则，该账户将被认为是伪造的。

10. 分类账簿中的记录必须使用同一种货币计算其价值。虽然在账项说明中列出各种货币的名称是允许的，如塔卡特、戈罗西、弗洛林、金苏尔迪等等，但是在填写账户金额栏时，则必须使用设立分类账时所确定的同一种货币。

11. 如果你愿意的话，可以简化过入"现金"账户的借方账项和贷方账项，即可以省略分录说明。只需说明："借记'赛勒先生'账户，某地"，或"贷记'拜俄先生'账户，某地"。说明可在与其相对应的另一账项中写清楚。

12. 如果有必要增设一个新账户，应从新账页开始，即使前面的账页还留有足够的空白，也不要填入该账页。绝不能回过头来填写账页，必须按照日期的顺序填写，而不能倒回。否则分类账的记录将被认为是伪造的。

13. 如果某一账项过错了分类账账户（有时为粗心所致），而且你希望予以更正，应按下述方法处理：在紧靠该账项记录的边上打上叉号或其他符号，然后在同一账户的反方向记入该账项。例如，假设某错误账项为贷记 L 50，S 10，D 6。这时应作一个相反的账项并说明如下："借记 L 50，S 10，D 6，以更正标有叉号的位于相反一方的账项。这个账项根本不应过入。"然后，在新过入的账项旁边也打上叉号。

14. 当账户的账页业已填满，不能再过入更多的账项，而且你已打算结转其余额时,应先计算出该账户的余额,不论它是在借方还是在贷方。假设账户余额 L 28,S 4,D 2 是在贷方,于是在相反一方记入同一数额,不必注明日期:"借 L 28,S 4,D 2,把本账户余额结转到本账簿第 × 页同一账户的贷方。"然后在该账项的旁边标上符号"R^O",以表示余额已经结转。尽管这个账项记在借方,但它并不是真正的借项,而是一个以借方账项的形式进行结转的贷方余额。接着翻到一张新账页,注明原账户名称,并将余额记入贷方,同样不必填写日期。以下述方式开设新账户:"贷记'赛勒先生'账户,某地,L 28,S 4,D 2,即从本分类账簿第 × 页他的账户中转来的余额。"然后在该账项的边上也标上符号"R^O"(代表前面结转来的余额),至此账户已结转完毕。如果账户余额在借方,则仍按这种方法处理,只要把填入原来账户贷方的余额结转到新账户的借方即可。①

15. 当旧分类账簿已经用完或者需要启用新分类账簿时,你希望将账户余额都结转到新分类账簿中去,则应按下述方法处理:首先,应看清旧分类账簿封面上的标记。如果是 A,就要在新账簿的封面上标上 B,因为所有商人的账簿都是按字母顺序依次启用的。其次,编制旧分类账簿的试算表,检查其是否平衡和正确。最后,按试算表中的顺序,逐笔将借方账户余额和贷方账户余额填入新分类账簿。要为每一个债务人和债权人分设账户,并预留足以记录将会发生的交易数量所需要的空白。对每一结转到新分类账簿 B 中

---

① 本节不同于帕乔利在第二十八章的论述。他在那里指出,在旧分类账账户结平且余额被转入新分类账之后,旧账户"应在借贷双方打上斜线"予以注销。这里他第一次提到 R^O(resto)的用法。

去的借方账户余额,这样说明:"旧分类账簿 A 第 × 页的借方余额 ××。"同样,对每一贷方账户余额,则这样说明:"旧分类账簿 A 第 × 页的贷方余额 ××。"这就是将账户余额从旧分类账簿结转到新分类账簿的方法。为了注销旧分类账簿,试算表中列示的所有账户均应结清。如果某账户在分类账簿 A 中有贷方余额(如试算表所示),即在该账户借记同一数额,说明如下:"借记本账户,金额为本账户的贷方余额 ××,该余额已结转到新分类账簿 B 第 × 页的贷方。"照此处理,即能结清旧分类账簿,同时开始启用新分类账簿。既然我已向你们讲了如何处理贷方余额,那么,对借方余额可按同样的方法处理,不同的是:应贷记有借方余额的账户,同时在新分类账簿中借记同一账户。

第三十七章

应登入分类账簿的项目。

对于所有你认为理应属于你的现金，借记"现金"账户，贷记"资本"账户。其数额包括你在过去不同时间内赚取的，过世亲属所遗赠的，或者某位君主所赏赐的。所有理应属于你的珠宝和商品必须以现金作价，并将其分开登记。应在分类账中按照珠宝和商品的数目开设有关账户，逐一借记相应账户，并说明如下："借记某物账户，贷记'资本'账户，今日我所拥有的某物计有××，价值××塔卡特，等等，贷项已过入第×页。"然后，以这些分录的金额贷记"资本"账户。要注意，这些分录的每笔金额均不应小于10塔卡特，因为价值低的小物品并不记入分类账。你所拥有的全部不动产，如房屋、土地和仓库等，均应记入分类账。根据你的谨慎估价，以现金价值分别借记这些财产账户，同时贷记"资本"账户。正如我在规则概述中所讲，每一笔分录均应包括三项内容：日期、金额，以及入账原因。

如果用现金购买了商品或其他物品，借记为购入项目设立的账户，贷记"现金"账户。如果你这样说明："我用现金购入商品，但现金由银行（或朋友）垫付"，则仍按前面所述的方法借记该购入项目的账户，但不是贷记"现金"账户，而是贷记提供现金的银行（或朋友）的账户。

如果采用赊账而在指定日期付款的方式购买商品或其他物品，借记该购入项目的账户，贷记与你达成赊账契约的个人账户。

如果以部分现金，部分在指定日期付款的方式购买商品或其他物品，借记有关商品账户，贷记供货人账户。应将达成的买卖条件记录在册。假设你先以现金支付1/3的货款，并答应在6个月内付清余款。在这一情况下，应先编制上述分录，然后以已支付的现金额（货款的1/3）借记供货人账户，贷记可能代你付款的个人或银行的账户。

当你卖出商品或其他物品时也要按上述方法处理，所不同的是这些交易应编制记账方向相反的分录。我讲过在购买时要借记商品账户，那么你销货时则应贷记商品账户。如果现金销售就借记"现金"账户，或者借记担保此项付款的银行的账户。如果以在指定日期付款的方式销售，借记商品买主账户。如果以部分现金，部分在指定日期付款的方式销售商品，就按前两节所讲的处理赊账购买的方法加以记录。

如果以货易货，例如你这样说明："我以1 000磅英国羊毛，换回2 000磅的胡椒粉"，那么，如何将这笔分录过入分类账呢？你应按下述方法处理：谨慎地估计胡椒粉的现金时价。假设你估计每百磅胡椒粉价值为12塔卡特，或者说2 000磅胡椒粉共值240塔卡特，就应贷记"英国羊毛"账户240塔卡特，这笔金额就是你出售羊毛的售价。所有以货易货业务的分录编制均应遵循这一步骤。因为你已收到价值240塔卡特的2 000磅胡椒粉，所以在当日，你还要在账簿的第 × 页，借记"胡椒粉"账户，等等。

如果你将现金借给某些朋友，借记为朋友所设的账户，贷记"现金"账户。如果你从朋友处借得现金，则借记"现金"账户，贷记为朋友所设的账户。

如果你收到某艘海船、大帆船或其他物品的保险费8、10塔卡特或20塔卡特，借记"现金"账户，贷记"海运保险"账户，同时应清楚并完整地说明投保业务的内容、时间、地点和方式，以及保险费率。

如果有人以付给佣金的形式将商品委托给你让你代为销售或交换其他商品，与此同时，你要支付运输费、捐税、搬运费、储存费以及其他代管费用，则应借记委托人账户，贷记"现金"账户。

商人需要记录的项目

归你所有的全部家庭和商店动产都必须以适当的顺序登入记录簿。应将所有的铁制用品分项记录，要预留足够的空白以增列其他项目，同时要在账页边上留出一定的空白用以说明有关项目的毁坏、丢失、送人或者售出等情况。但是，那些价值极小甚至没有价值的物品，则不必填入记录簿。

应分项记录所有的铜制品和锡制品以及以木、铜、银、金所制的其他东西。必须预留一些空白页用来记录可能增加的其他项目。由于各种物品可能遗失，应在账页边上预留空白以备说明。

应非常清楚地记录各种不同的证券、债务，或向别人作出的承诺，以及你的朋友托你保管的（或是供你使用或出借给你的）物品或其他东西。同样应该记录你借给朋友的所有物品。

所有附有协议条件的交易，包括购买和销售，必须加以记录。例如一份合同载明，如果你下次从英格兰返航时给我运回混纺羊毛××磅，条件是羊毛应质量良好且可以接受，那么，我将以每百磅××的价格付款，或者给你××磅棉花交换。

所有以年租××塔卡特或××里拉向外出租的房屋、土地、店铺或珠宝，也要加以记录。收到租金时，现金应适当地记入分类账簿。如果珠宝、金器或银制餐具借给朋友使用8天或15天，就不必记入分类账，但应在记录簿中登记。这是因为上述物品数日内即会归还。同样，如果是别人把类似的东西借你使用，也不必将它们记入分类账，而只是在记录簿中加以注明。

分类账过账举例

借方账项如何过账

MCCCCLXXXXIII

1493年11月14日,借记"西莫恩(阿莱西亚·保比尼之子)名下的现金"账户//贷记"佛兰西斯科(安东尼奥·卡瓦尔肯底之子)"账户。佛兰西斯科付款给我们,我们作为代理人将其转入西莫恩账户。贷项已过入第2页。

价值:L 62,S 13,D 2

MCCCCLXXXXIII

1493年11月14日,借记"鲁得卫克(皮特·佛莱思坦尼之子)"账户//贷记"西莫恩名下的现金"账户。我们代西莫恩将现金借给了鲁得卫克。贷项已过入第1页。

价值:L 44,S 1,D 8

贷方账项如何过账

MCCCCLXXXXIII

1493年11月14日,货记"佛兰西斯科(安东尼奥·卡瓦尔肯底之子)"账户//借记"西莫恩(阿莱西亚·保比尼之子)名下的现金"账户。借项及说明见第1页。

价值:L 62,S 13,D 2

MCCCCLXXXXIII

1493年11月14日,贷记"西莫恩名下的现金"账户//借记"鲁得卫克(皮特·佛莱思坦尼之子)"账户。借项及说明见第3页。

价值:L 44,S 1,D 8

借方账项如何过账
MCCCCLXXXXIII

1493年11月18日，借记账户同上∥贷记"马提诺（皮特·佛莱贝思奇之子）"账户。我们作为代理人，代表鲁得卫克承诺马提诺的这笔款项。贷项已过入第4页。

价值：L 18, S 11, D 6

MCCCCLXXXXIII

1493年11月22日，借记"马提诺（皮特·佛莱贝思奇之子）"账户∥贷记"西莫恩名下的现金"账户。我们代表鲁得卫克将款项付给了马提诺。贷项已过入第1页的现金账户。

价值：L 18, S 11, D 6

MCCCCLXXXXIII

1493年11月22日，借记"佛兰西斯科（安东尼奥·卡瓦尔肯底之子）"账户∥贷记"鲁得卫克（皮特·佛莱思坦尼之子）"账户。我们作为代理人，代表佛兰西斯科承诺向鲁得卫克作部分付款。贷项已过入第3页。

价值：L 20, S 4, D 2

贷方账项如何过账
MCCCCLXXXXIII

1493年11月18日，贷记"马提诺（皮特·佛莱贝思奇之子）"账户∥借记"鲁得卫克（皮特·佛莱思坦尼之子）"账户。借项及说明见第3页。

价值：L 18, S 11, D 6

MCCCCLXXXXIII

1493年11月22日，贷记"西莫恩名下的现金"账户∥借记"马提诺（皮特·佛莱贝思奇之子）"账户。借项及说明见第4页。

价值：L 18, S 11, D 6

MCCCCLXXXXIII

1493年11月22日，贷记"鲁得卫克"账户∥借记"佛兰西斯科"账户。借项及说明见第2页。

价值：L 20, S 4, D 2

附录

帕乔利的画像说明

这张插图是意大利那不勒斯国家博物馆陈列的著名绘画——帕乔利画像的影印件(见图1)。可是,多年来一直无法确定画家的真实身份。一般认为,此画系由杰可波·德·巴伯里(Jacopo de Barbari)所作。那不勒斯国家博物馆馆长吉诺·多里阿先生(Gino Doria)给我们的来信对这位无法确定的画家作了如下说明:

……此画作者的签名为:杰可·巴·瓦伊格尼斯(Jaco. Bar Vigennis)画于1495年,此人身份仍未确定。但根据绘画年代及艺术风格,有人推断它是由杰可波·德·巴伯里所作。这位未知的杰可·巴应是一位威尼斯人,他很可能是乌比诺时代的皮亚罗·德拉·弗朗西斯卡(Piero della Francesca)的一位弟子。

除了早期无法确定这位画家之外,有些学者曾错误地推断,画像中帕乔利左手所指的那本平摊在桌面上的著作即为《算术、几何、比与比例概要》(以下简称《概要》)。下面两点理由将说明这种推断是不确切的:其一,《概要》原著要比摊开在帕乔利面前的那本著作更厚。也许在帕乔利左方桌面上的那本用书夹扣合着的厚书才是《概要》。其二,帕乔利左手所指的书打开在第十三章,标题为"欧氏几何学",但《概要》的第十三章并非论述欧氏几何学。

这一误解也是事出有因。因为曾另有一幅画像画着帕乔利手持他的《概要》。泰勒(Taylor)在《不是贵族的伟人》一书中,认定帕乔利的朋友皮亚罗·德拉·弗朗西斯卡所作的《圣子、圣女与圣父》一画中的帕乔利。该画收藏在意大利佩鲁贾画馆。画面中帕乔利手持一部厚著,其体积和装订样式和我们所见到的《概要》原版本相同。显然,那才是人们所说帕乔利手持《概要》的画像。

泰勒对德·巴伯里的这幅绘画作了如下描述:

人们望见悬挂在那不勒斯博物馆大厅门边的这幅画时,首先被帕乔利的坚毅、严肃和果断的面容吸引。帕乔利身披的神父斗篷,色彩对比鲜明,画家选用了惯用的青灰色。画面的背景为黑色。桌子是绿色的,砚板框架为原木色。摊开在桌面上的那本著作的封面为蓝色。帕乔利旁边的年轻人头戴黑色教士帽,身着皮衬里黑色披风,脖围和手肘上方露出红色的衬衣,并戴着手套。画中的两个人都是蓝眼睛。这幅画宽五英尺,高四英尺。很明显,它曾被多次重新修饰过。此画裱在油布和木架上,并已有一些蛀洞。画面上有不少部位受过损坏,但都已精巧地加以修复。

……桌面上有块小纸片写着:"杰可·巴·瓦伊格尼斯画于149?",精确的年份已经无法辨认。显而易见,"5"是另外补上的。在那部也许是《概要》的著作的上方搁着一个多面形体,画面的左上方画着一个多面晶棱体。

帕乔利原著影印说明 [1]

本书影印了帕乔利的《簿记论》篇。它共有 28 页正文和一张扉页。扉页取自《算术、几何、比与比例概要》第二版（见图 2），因为 1494 年第一版的《概要》发表时没有扉页。我们从标在帕乔利簿记论右上端的页码可以看出，当时的习惯是隔页标码。

《概要》的两个版本都采用金属活字印刷。当 1494 年版的《概要》发表时，木刻版印刷已经流行了好几个世纪，而金属活字印刷术则仅有大约 30 年的历史。著名的德国印刷匠古腾堡于 15 世纪 60 年代改进和完善了这一技术。到了 15 世纪末，许多印刷匠逃往或迁往意大利，那里的威尼斯和佛罗伦萨是当时繁荣的印刷业中心。

帕乔利的《概要》，特别是第二个版本，被认为是当时印刷术最漂亮的杰作之一。因此，除了数学界和会计界的学者乐于收藏之外，《概要》也是那些对印刷业的历史和发展感兴趣的图书收藏家所要猎取的珍品。现在已知尚有 99 本 1494 年版的《概要》和 36 本 1523 年版的《概要》传世。

---

[1] 英译本原第三部分是帕乔利原著簿记论篇的影印全文。这是英译本译者写在前面的说明。本书复印其扉页列此以供读者鉴赏。——中译者

原版《概要》大约同我们目前所用的标准打字纸张一般大小。将它影印复制，即使采用现代技术，仍是一件困难的事，因为很多书页已有毁损，而且500年前装订的书籍已不能完全展开铺平。因此，我们对影印件中任何看不清楚的书页或章节，深表歉意。

帕乔利生平及其著作

现在的大多数会计著作都引证了 1494 年出版的卢卡·帕乔利的《算术、几何、比与比例概要》(*Summa de Arithmetica, Geometria, Proportioni et Proportionalita*)中的簿记论。乍看起来，人们可能是为了要说明会计职业的发展历史，但事实并不在此。帕乔利应当受到赞誉的主要原因不在于他是第一位发表复式簿记论著的作者，而是在于他所详细论述的复式簿记的基本原理历经 500 余年而至今没有改变。帕乔利在其著作中提到的多数会计方法以及如何成功经商的建议，在今天的现实生活中，如同在 15 世纪时那样，仍然是适用的。

和意大利文艺复兴时代的皮亚罗·德拉·弗朗西斯卡（Piero della Francesca）、雷奥·贝蒂斯塔·阿尔贝蒂（Leon Battista Alberti）、乌比诺公爵弗得拉哥（Federigo, the Duke of Urbino）、列奥纳多·达·芬奇（Leonardo da Vinci）、列奥纳多·达·比萨（Leonardo da Pisa）、拉菲尔（Raphael）和米开朗基罗（Michelangelo）等杰出人物一样，帕乔利堪称文艺复兴黄金时期的典型"骄子"。实际上，除了最后两位以外，上述这些人都是帕乔利的朋友。正像列奥纳多·达·芬奇的作品在当代备受推崇和赞颂一样，人们也高度赞誉帕乔利的著作。

虽然在许多领域内，帕乔利的著作都得到普遍赞誉，但对他的生平却存在长期的激烈争议。在过去的不同年代里，他曾被认为是：宗教神父或者异教徒；传统主义者或者新派学者；学生的挚友或者孤僻的隐士；聪明卓越的天才或者哗众取宠之辈；有创见的学者或者剽窃者；等等。尽管从1464年开始，自保罗二世到西克塔斯四世的50年间，帕乔利一直是连续7任罗马教皇的私人朋友，但他曾经一度遭受自己在15世纪70年代参加的弗朗西斯教团的开除教籍的训诫。

我们可以肯定，帕乔利是一位出色的著作家和充满魅力的讲演者和教师。他既是笃正的神教徒，又是一位人所公认的对数学、神学、建筑学、军事战术学、体育与竞技以及商业经营等领域都有着渊博知识的学者。他先后在意大利的佛罗伦萨、米兰、佩鲁贾、那不勒斯和罗马的5所大学执教。同时，他还曾经作过许多高官达贵和富商大贾的家庭教师。

另一方面，我们也可以看出，帕乔利虽然信奉神教，但他对自己所在的弗朗西斯教团的职责却缺乏兴致。在学术方面，他主要是一位编集者和翻译家，而不是新理论或定理的创立者或开拓者。帕乔利认为，理论是重要的，但理论若不能应用于实践就毫无意义。此外，15世纪早期的大部分著作都是用拉丁文撰写，在当时只有学者能够阅读。但是，帕乔利却采用"通俗"语言撰写，更侧重于向普通民众传播知识。为此目标，他以一生中的主要精力从事教学和写作。用通俗语言的形式把数学概念与方法应用于商业界，这方面可以作为他重大贡献的代表。帕乔利著作的广泛流传，以及他作为教师的高度威望，充分证明了帕乔利的成就。

帕乔利并不认为自己是复式簿记的创始人。例如，他在《簿记论》中写道："……这里将采用威尼斯的记账方法，因为它明显地胜过其他地方的记账方法。"

1878年，意大利圣塞波尔克罗镇（Borgo San Sepolcro）的居民为帕乔利树立了一座纪念碑。碑文的译文是[①]：

献给　卢卡·帕乔利

他是列奥纳多·达·芬奇和雷奥·贝蒂斯塔·阿尔贝蒂的朋友和教师。他首先赋予代数以科学的地位和结构；他是把代数应用于几何学的伟大先驱；他创立了复式簿记并撰写了其后成为未来思想的基础和不变形式的数学著作。

在本地区商界社团的推动下，圣塞波尔克罗民众对过去370年的疏忽深感遗憾，现特为自己的伟大市民树立此纪念碑。

1878年

诚然，帕乔利没有发明复式记账，因为有证据表明，复式记账

[①] 读者请注意，碑文上的帕乔利名字拼写为"Pacioli"，而不是"Paciolo"。人们过去对帕乔利名字的准确拼法曾有争议。在1944年1月号的《会计评论》杂志第76页，泰勒作了如下评述："严格遵循拉丁文语法的人们写作'Lucas Paciolus'是正确的；运用古意大利文的人们拼写为'Paciolo'并没有错；而对于偏向更通俗语法规则的人们来说，'Pacioli'同样也是正确的。这完全只是选择语言形式或习惯用法的问题。但它又是一个尚未解决的有争议问题。我选用了'Pacioli'的拼法，但我也不反对别人愿采用的其他拼法。"

我们不准备继续讨论这个争议，但我们倾向于R. D. 卢福教授的观点。他在同一期的《会计评论》杂志第69页写道："既然根据现有资料尚不能解决这一争议，同时采用'Pacioli'和'Paciolo'应是可取的。为了方便起见，如果能在学术界取得一致意见，或为了避免混乱，采用统一拼法有好处。我认为'Paciolo'比'Pacioli'更为妥当。"

在14世纪初期就存在了。但是，帕乔利成为撰写复式记账专著的第一位作者，而且是以通俗的语言写成，从而使他赢得了"会计之父"的称号。

如果要描述帕乔利所处的意大利文艺复兴时期的时代背景，许多朋友对他撰著的影响，以及他的多方面活动与才能，那足以构成一部动人的传记。我们在概述帕乔利著作的内容和意义之后，将扼要地简介这段历史。随后，我们将编入帕乔利的簿记论的新译文和这部名著原版本的复印件。

帕乔利的著作

帕乔利是一个多产作家。从他的许多不同的文献著作的纲目中，足以使人钦佩他的博学多才。目前一般都认为，他撰写过下列著作（按时间顺序排列）：

1. 1470年的代数讲稿。这部讲稿是为威尼斯富商罗姆彼尔西（Rompiasi）的儿子们所写，他们是帕乔利的学生。这部讲稿已经遗失，但很可能已被编入1494年出版的《算术、几何、比与比例概要》中。

2. 1476年的多面等边立体学讲稿。该讲稿论述了代数问题和几何学中的5种等边立体。它是写给佩鲁贾地区的青年学生的。这一讲稿未曾单独出版，现仍保藏在罗马的梵蒂冈图书馆。它很可能是帕乔利的朋友皮亚罗·德拉·弗朗西斯卡所撰同名著作的译文。帕乔利早期的大多数未发表的手稿，后来全部或部分地编入了他的《概要》或《神妙的比例》。这部讲稿也不例外。

3. 1480年的欧氏几何学讲稿。人们对这一手稿是否存在持有异议。或者认为，即使帕乔利确实写过这个讲稿，其主题的具体内容也是无法确定的。然而，我们有理由推断它确实存在，是因为帕乔利自己说过，他在那段时期曾写过这一讲稿。而且梵蒂冈图书馆收藏的一个讲稿中有个注解，一个叫安东尼（Anthony）的教士在1480年12月收到帕乔利从佩鲁贾寄来的一本欧氏几何学讲稿。也许那是帕乔利把欧几里得著作译成意大利文的译本。可以肯定，帕乔利曾经将欧氏几何学译成意大利文。但这部手稿现已遗失。

4. 1481年的代数讲稿。它是帕乔利在扎拉（Zara）时编辑的。这部讲稿内容与早期在佩鲁贾和威尼斯写的讲稿可能相类似，但经过了重新撰写。它现在也已失存。

5. 1494年的《算术、几何、比与比例概要》。这可能是帕乔利已发表著作中最著名的一部。他的簿记论"计算与记录要论"（De Computis et Scripturis）就编在这部著作中。这部著作是在威尼斯出版的。

6. 1504年的《成功经商之道》（La Scuola Perfetta Dei Mercanti）。这是《概要》中簿记篇章的单行再版本，由《概要》原著的印刷商帕加尼尼（Paganini）在意大利的托斯卡罗纳出版。

7. 1505年的《智者之道》（Schifanoia）。这部著作介绍了数学游戏和棋谱知识。据说曾发表于佛罗伦萨，但现已失传。

8. 1508年的《数的奥妙》（De Viribus Quantitatis）。它论述了指数幂、几何学和一系列数学游戏。在意大利波伦亚大学图书馆藏有这部著作的复印本。

9. 1509年的《神妙的比例》（De Divina Proportione）。这是公

开出版的帕乔利的第二部重要著作。该书是在威尼斯出版的手工印刷本；全书有240页，是由列奥纳多·达·芬奇和帕乔利共同编辑的。这部书是帕乔利的最重要的学术专著。他在该书的第一章写道："……不掌握数学知识，任何工作都不可能做好。"这部著作主要是论述应用数学的。全书包括三个部分：第一部分论述算术、几何和比例；第二部分介绍教堂、保健院、防御工事和居民住宅的建筑学；第三部分论述几何中的等边立体。

10. 1509年的《坎帕尼亚版欧氏几何学》。这是欧氏几何学坎帕尼亚版的修订本，帕乔利把它译成拉丁文，并在威尼斯出版。

11. 1523年的《算术、几何、比与比例概要》。它是1494年原著的第二版，由帕加尼尼在托斯卡罗纳出版。内容基本上与第一版相同。

我们无法断定，那些"失存"的手稿是否曾经公开出版过。即使确实出版过，现在也难以证实出版的年代。事实上，人们对上述书稿中的少数几本是否存在过仍有疑义。另外，也有些学者认为，帕乔利对建筑学曾写过一些单独的讲稿，并且还撰写过一部关于古意大利文字母符号的手稿。看来，这是完全可能的，因为在《神妙的比例》中包括了这两方面的内容。显而易见，帕乔利无愧于文艺复兴时期的"杰出代表"的赞誉。

帕乔利的两部主要著作《概要》和《比例》都已经驰名于世界各地。我们在这里着重介绍《算术、几何、比与比例概要》，因为关于簿记的论述就在这部著作中。

除了在1523年再版了《概要》之外，书中的"簿记篇"在原著第一次出版时就备受重视，以至于1504年作为单行本重印出版。

按照当时的惯例，资助人仅仅愿意承担第一版新书的印刷费用。但是根据对这部专著的实际需求，1494年《概要》的印刷商帕加尼尼却承担了重印《簿记论》单行本和第二版《概要》的印刷费用。

随后的几百年里，帕乔利的《概要》被翻译成荷兰文、意大利文、德文、法文、俄文和英文等6种文字，并且至少出现过9种译本。第一个翻译帕乔利著作的是荷兰人杰·亚宾·克里斯托弗。他于1543年把帕乔利的这部著作分别译成荷兰文、法文和英文。第一个德文版本发表于1876年，在1893年首次出现了俄文版本。我们的译文应算是这部著作的第四个英文版本。在此之前的三个英文版本分别是：1543年克里斯托弗的译本、1914年约翰·盖吉斯彼克的译本和1924年皮尔特罗·克里弗利的译本。在我们的译文中，尽量采用了现代词语来翻译原著，以免读者为过时的冗词赘语所困扰。事实上，冗词赘语并不能完全表达原文的风韵，反而不利于通俗易懂。

帕乔利撰写《概要》的目的是，编集数学知识和簿记知识，传授给意大利人民，希望他们能够运用这些知识改善自己的生活。因此，帕乔利又可称为"把理论推向实践的第一个先行者"。

《概要》主要分为五个部分：一、算术与代数；二、算术与代数在贸易和计算中的应用；三、簿记；四、货币与兑换；五、理论几何学与应用几何学。《概要》原版本的出版费用是由一位数学教授马科·萨恩托（Marco Sanuto）提供的。据说《概要》是当时意大利流传最广的一部论述最详尽的数学著作。

这部著作中的"簿记篇"是最早论述这个题目的唯一出版物。1525年，G. A. 塔哥莱恩特（Giovanni Antonio Tagliente）编写的簿记著作出版。然而直到1534年，D. 曼佐尼（Domenico Manzoni）论述簿记知识的通俗读本才出版。曼佐尼的簿记著作曾再版过6次至7次，但它只能说是帕乔利著作的修订本而已，甚至逐页的内容都是相同的。区别仅仅在于它删掉了帕乔利原著中的某些神学语言并改动了他的文风笔调。

帕乔利在其《簿记论》中指出，他只是概述威尼斯一带已流行的记账方法。在12世纪至15世纪，威尼斯曾经是西欧最强盛和发达的共和国之一。因此，帕乔利认为威尼斯的记账方法"最值得推荐"，那是理所当然的。毫无疑问，当时会计的发展是为了满足威尼斯商业活动兴盛的需要，正像在其后的世纪里，会计都是伴随商业活动的需要而发展的。

《簿记论》的标题是"Particularis de Computis et Scripturis"，可以翻译为"计算和记录的详论"。这一篇章又分为两个部分：第一部分介绍财产盘存；第二部分论述账务处理。在这两个部分中，帕乔利详细地介绍了为我们今天所知道的簿记方法。例如：盘存企业的资产；根据盘存结果在账簿上登记原始分录；记录交易；过入分类账；填写过账摘要；编制试算表以查核记账过程的正确性；结清虚账户（过渡性账户）并通过损益账户转入资本账户；等等。

除了论述簿记过程的方法外，帕乔利在书中还介绍了内部控制。他提出，各种备忘簿、分录账簿和分类账簿都必须编上号码和填写日期，账簿中的账页应当预先编号。他还着重强调：交易的原始凭证要详细编制并永久存档；零星业务费用应归集于一个总括账户，因为对各种零星费用逐项分设账户不但太繁琐，而且花费过高；为了内部核对的目的，会计账簿应予审查。

尽管人们现在已经不再采用备忘簿作为序时记录交易活动的账簿，但帕乔利在当时描述的全部簿记过程与今天的实务几乎是完全一样的。

除了所述的会计方法引人瞩目外，帕乔利的生动文笔也给读者留下深刻印象。在簿记论中，帕乔利使用了许多饶有趣味的商业谚语。例如："无序则乱"，"无所事事者不犯错误，而吃一堑则长一智"，"官吏不为繁文缛节所扰"，"不谙经营之道，坐视钱财白耗"，"账目常清，友谊长存"，等等。

通过荷兰文和英文译本的直接或间接传播，帕乔利的著作为当代会计理论和簿记知识提供了基础。所谓现代会计方法，主要表现为数据搜集、加工和编制报表方面的系统和复杂的技术程序。虽然会计工作现在已经往往由较昂贵的电子设备来进行，但是这种处理程序的整个结构仍然与帕乔利在1494年提出的纲要相同。尽管会计界人士可能不会永远坚持复式簿记系统，然而复式簿记毕竟已经通行了500年。

如果我们了解作者的生平及其工作环境，必能增进对他的著作的理解和赞誉。帕乔利不但是一位引人注目的人物，而且他生活在20世纪之前的人类智慧激奋焕发的50年期间。

早年的帕乔利[①]

人们已无法证实帕乔利的确切出生日期，但多数人认为可能是

---

① 关于帕乔利生平的多数资料引自 R. E. 泰勒著：《不是贵族的伟人：卢卡·帕乔利和他的时代》。查珀尔希尔，北卡罗来纳大学出版社1942年版。

在1445年。正如本文前面引述的纪念碑译文所示,他出生于意大利的圣塞波尔克罗,这个小镇位于佛罗伦萨东南约80英里。如果我们能够重建镇上的拉姆布勒斯教堂和法尔塔西广场,今天的圣塞波尔克罗镇就会显得跟帕乔利时代一样。这是一座典型的意大利小城镇,有一座大教堂和一个公共广场,四周环绕着农田。

帕乔利出生于一个中下阶层的家庭,他的父亲叫帕托洛米欧(Bartolomeo),母亲的姓氏已无法查证。帕乔利至少有两个兄弟,其中一位是长兄,他儿子的年龄与帕乔利接近。

由于家境贫穷,无法聘请家庭教师,帕乔利只能上教会学校读书。圣塞波尔克罗学校的主要课程是根据弗朗西斯教团的训令设置的。弗朗西斯教团的传教士提供的教育非常严格。在少年时代,帕乔利学习了语法、修辞学(文件绘制和书信习作)和辩证法(逻辑学)。此外,他受到相当好的神学教育,学完了《圣经》和阿西西的弗朗西斯主教(St. Francis of Assisi)的布道。

随着年龄增长,帕乔利又学习了算术、几何学、天文学和音乐,以及当时的各种古典文学,包括但丁(Dante)、西塞罗(Cicero)、奎因塔里恩(Quintalian)、塞维利亚的伊西多(Isidore of Seville)和鲍瑟尔斯(Boethius)等人的文学作品。帕乔利是位非常好学的学生,教师们都认为他将来有可能成为一位学者。

意大利人通常认为,男孩子到了16岁就是成人了,并要开始自食其力。帕乔利在16岁时去当地一位大商人、作坊主行会的成员弗勒库·德·贝尔夫西(Folco de Belfolci)的家庭作坊当学徒。根据行会规定,学徒必须跟随一位师傅度过3~11年的学徒期。期初,学徒的父母应支付给师傅一定的培训费用,但学徒将逐步过渡为自食其力。

因此,除非出身于贵族或富有的家庭,超过16岁的年轻人难以继续接受学校教育。在当时并没有可供自学的书籍,进入大学学习则被视为极为奢华之事。但是,帕乔利希望继续他的学业,并退掉作坊学徒的差事,以便跟随皮亚罗·德拉·弗朗西斯卡学习。15世纪60年代,弗朗西斯卡正好逗留在圣塞波尔克罗镇。

在当时,有名望的艺术家通常都带着一些年轻人跟随他们学习。虽然弗朗西斯卡主要是位艺术大师,但他同时又是一位数学家。他对比例学颇有兴趣,而这一兴趣对帕乔利产生了终身影响。当帕乔利63岁时,在威尼斯的一次讲课中还提到:"在所有复杂的知识中,……比例是最难掌握的。"

帕乔利深受弗朗西斯卡的影响。帕乔利在跟随他学艺期间,经常一起去大约40英里外的乌比诺旅行。乌比诺公爵费得拉果(The Duke of Urbino, Federigo)的私人藏书馆堪称是世界上最好的藏书馆之一,帕乔利被准许自由进馆阅读。费得拉果建立这个藏书馆花费了3万个金塔卡特(ducats),但对他来说这只是一笔不算大的数目。馆内所有藏书都是用蘸水笔手写的,并且都用红布和银带装订。它们被视为非常珍贵的藏本,以致"若有其他印本流传,它就不配予以收藏"。这个私人藏书馆可以跟教皇书库或牛津大学图书馆相媲美,因为它们同被视为当时最著名的藏书馆。显然,乌比诺公爵的藏书馆是不对外开放的。帕乔利在那里读书既感到非常骄傲,但同时又感到自卑。

帕乔利日渐成为乌比诺公爵和他的独生儿子盖杜巴尔多王子(Prince Guidobaldo)的亲密朋友。盖杜巴尔多出生于1472年,当帕乔利到乌比诺旅行期间，他多次跟着帕乔利一起学习。帕乔利在其出版的《概要》扉页中题道："献给最杰出的王子盖杜巴尔多，乌比诺公爵……他擅长希腊文和拉丁文，并且是一位天资聪颖的数学学生。"这段题词反映了帕乔利对乌比诺公爵一家的情谊，也许是为了表达他对盖杜巴尔多的父亲费得拉果公爵提供的优越学习机会的谢意。本书图 1 画面中站立在帕乔利身边的那位青年人就是盖杜巴尔多。

到 1464 年，弗朗西斯卡多次称赞帕乔利的才华，并将他推荐给当时的建筑大师和作家雷奥·贝蒂斯塔·阿尔贝蒂。阿尔贝蒂把帕乔利带到威尼斯。在那里，帕乔利不仅继续自己的学习，而且受聘为当地的富商安东尼奥·德·罗姆彼尔西的三个儿子的家庭教师。帕乔利和罗姆彼尔西全家生活在一起，并且非常喜欢他的学生，从而特地为他们撰写了自己的第一部数学讲稿。

正是在罗姆彼尔西家里，帕乔利第一次讲授算术和簿记知识。因为这些内容是教导他的三个学生成为优秀商人的必备知识。我们无法确定帕乔利究竟是在何时掌握了复式簿记知识的。很可能是他在圣塞波尔克罗镇当作坊学徒时从作坊师傅贝尔夫西那里学来的。但是，既然帕乔利传授给罗姆彼尔西家儿子们的肯定是威尼斯簿记方法，也就说明他在威尼斯期间曾经作过这方面的研究。1494 年出版的《概要》中关于簿记论的内容，起因于他讲授复式簿记的需要。认为帕乔利曾经当过簿记员的推断，是值得怀疑的。

帕乔利在给罗姆彼尔西家儿子们当家庭教师期间，曾多次前往帕达雅，并访问了帕达雅大学。这是帕乔利平生第一次接触大学。但从那以后，他的生活却与大学结下了不解之缘。

在罗姆彼尔西家中度过了6年之后,帕乔利回到托斯卡纳,与阿尔贝蒂一起工作。他仍然作为学生,在多数时间里跟着阿尔贝蒂学习。阿尔贝蒂虽是位杰出的建筑大师,但更因他所撰写的著作而为人们所传颂。阿尔贝蒂共撰写了17部著作,内容涉及建筑、绘画、透视规则、散文与诗歌,其中有1部家庭传记,1部拉丁文戏剧本。显而易见,帕乔利在跟随弗朗西斯卡和阿尔贝蒂多年学习之后,已经成为一个受到极为良好的教育的人。他的两位导师都是卓越的学者。正如列奥纳多·达·芬奇是意大利文艺复兴后期的代表人物,阿尔贝蒂则被视作文艺复兴早期的启蒙大师。

在托斯卡纳学习之后,帕乔利和阿尔贝蒂一起来到了罗马。阿尔贝蒂在教会中一直很活跃,并且是好几位教皇的挚友。通过阿尔贝蒂,帕乔利认识了教皇保罗二世。在1471年去罗马以前,帕乔利在威尼斯期间还是一个不受教规约束的年轻人。尽管他也信奉宗教,然而直到跟随阿尔贝蒂之后,他才打算正式参加教会。

阿尔贝蒂极力鼓励帕乔利应用本国的通俗语言撰著和讲学,这给予帕乔利极大影响。当阿尔贝蒂于1472年逝世之后,帕乔利立志终生致力于实现这两个目标。由于帕乔利年轻时代就非常接近弗朗西斯人,当时的教皇也是一位弗朗西斯人,而且弗朗西斯人在讲学方面享有盛名,因此,帕乔利认为有必要参加弗朗西斯教团。

显然,大约在15世纪70年代的那段时期,标志着年轻的帕乔利的成长,这时,帕乔利只有大约30岁,但已经准备首次步入大学执教并开始奋力写作。帕乔利在随后30多年里所作的贡献,使他成为意大利文艺复兴时期的杰出人物之一。

成名的学者

虽然帕乔利在他的余生中一直坚持不懈地学习，但他感到自己已经达到应为人师的境地。他的大学讲课生涯开始于佩鲁贾大学，那是在1475年。帕乔利受聘于这所大学很可能是由于西克塔斯教皇的影响。帕乔利在跟随阿尔贝蒂逗留罗马期间就认识了教皇。这位教皇的原名是弗朗西斯科·德拉·罗菲尔(Francesco della Rovere)，他在成为教皇西克塔斯四世之前，曾经执教于佩鲁贾大学。

帕乔利在佩鲁贾大学期间讲授数学。当时，数学是新设的大学课程。帕乔利是第一位大学数学教授。他强调，理论是重要的，但只有被应用于实践才是有价值的。他经常向学生宣讲这一观点。为了把数学知识推广于人们的现实生活中，帕乔利在讲授数学时，经常引用自己的亲身经验以及建筑和艺术等方面的应用作为例子。

在当时，欧洲的各大学并没有对学生规定必修课程，学生根据自己的兴趣或授课教师的名望自由选修课程。学生与知名教授的关系往往很密切。帕乔利受到学生们的普遍喜爱，因为他具有渊博的学识和卓越的讲课水平。随着他的学生毕业离校，帕乔利的名望也就被传遍整个意大利。

大约在1480年，帕乔利离开佩鲁贾大学去周游了意大利的其他许多大学并从事研究工作。他在1486年重返佩鲁贾大学时，获得了主教授的学衔。这一学衔盛行于当时各大学的学院，相当于现在的博士学位。

帕乔利在佩鲁贾大学继续待了两年,于1488年回到罗马。他第二次在佩鲁贾大学任教期间,为编写《算术、几何、比与比例概要》一书做了大量工作。这部著作开始写于1470年前后,但书中的主要部分是在1486年至1488年撰写的。

到了罗马之后,帕乔利在那里的大学讲授数学,直至1490年。在15世纪90年代初期,他也在那不勒斯大学授课。很可能就是在这段时期,帕乔利和他所参加的弗朗西斯教团发生了矛盾。帕乔利热衷于大学讲课和撰写著作。但是弗朗西斯教团的其他教士坚持认为帕乔利必须在教区内的教会学校执教。1491年,弗朗西斯教团屡次写信给帕乔利说,如果他不去教区学校任教,教团将采取严厉的措施。在另一封函件中,教团甚至提出警告,帕乔利若不能在8天之内回到帕达雅,就将开除他的教籍并撤职。很显然,帕乔利疏通了教团,因为他仍能继续在自己教区的教会学校之外讲课和著书。这有可能是,他曾请自己的朋友——教皇安诺圣特八世代为说情。

1494年前夕,帕乔利到乌比诺暂住了一段时期,编写他的《概要》并准备付印。在这期间,他增进了和乌比诺公爵盖杜巴尔多的友谊。乌比诺公爵鼓励和帮助帕乔利完成这部书稿。《概要》的出版为帕乔利赢得了很大声望。正是《概要》的出版,直接促成了帕乔利和列奥纳多·达·芬奇的友谊。

15世纪90年代的早期,列奥纳多·达·芬奇曾在米兰的宫廷任职。当他见到《概要》一书后,立即邀请帕乔利前来米兰宫廷讲授数学。帕乔利于1496年来到米兰宫廷执教。在米兰期间,他同时在米兰宫廷和米兰大学讲授算术、几何和军事战术。此时,帕乔利和达·芬奇成为亲密的朋友,因为他们有许多共同的兴趣,并且在各自的学问方面相互磋商,以取长补短。虽然达·芬奇比帕乔利年轻7岁,但这并不影响他们的友情。在1496年至1499年的3年内,这两位大师又完成了两部古典巨作。达·芬奇绘制了《最后的晚餐》一画,帕乔利则撰写了他的第二部主要著作《神妙的比例》。

虽然达·芬奇在世时已经颇为知名,但是直到逝世之后他才享有盛誉。然而,帕乔利在其事业生涯的早期就已获得盛誉,这是由于他的教学活动和名望,在当时能到处讲学和与人交往。

1499年,达·芬奇和帕乔利一起离开米兰来到佛罗伦萨。帕乔利受聘于佛罗伦萨大学,并在那里授课直至1506年。其间,只有在1501年和1502年两年曾去波伦亚大学任教。帕乔利在佛罗伦萨期间撰写了一部算术游戏的书稿,名为"Schifanoia",其译意是"智者之道"。它主要是介绍智力竞赛的,内容包括棋艺、魔方和牌术技巧。

帕乔利于1506年离开佛罗伦萨大学,到比萨大学讲授欧氏几何学。由于不满足于当时可取得的授课资料,他自己动手重新把欧几里得的几何学译成意大利文本。

在16世纪的头10年里,帕乔利的名望达到了巅峰。不论是在威尼斯、佛罗伦萨还是比萨讲课,总会有一些当时的社会名流前往听课。

1510年前夕,帕乔利被任命为圣塞波尔克罗修道院院长,但是他仍然按照自己的意愿行动,并于1510年前往佩鲁贾大学讲课。令弗朗西斯教团的教士们深感遗憾的是,帕乔利极少问津圣塞波尔克罗修道院院长的事务，事实是，该修道院副院长陈述了帕乔利的不尽职守，以致引起弗朗西斯教团对他的再次不满。

1508年，教皇朱利叶斯二世发布一道特别训旨，授予帕乔利拥有个人财产的特权。这一殊荣特权并没有促使帕乔利和弗朗西斯教团之间的关系得以缓和。而且，也没有什么具体的证据足以说明帕乔利能积聚起大宗的私人财富。

1514年，帕乔利重返教席。这时他约为69岁。教皇利奥十世（Leo X）决定把罗马大学办成全世界最著名的学府。教皇招聘了当时在西欧各地的所有杰出的教授，其中也包括帕乔利。罗马大学1514年的教授名册上载有帕乔利的姓名。但在那以后，他的情况就无法查证了。帕乔利很可能在随后的那一年去世；或者，他也许退休离开大学，在某个修道院隐居或与朋友们一起度过他的晚年。

帕乔利在1511年准备的遗嘱中写道：死后将他埋葬在圣塞波尔克罗镇，并为他树立一块墓碑。显然，他的这一遗愿在当时未能实现，因为在圣塞波尔克罗或弗朗西斯修道院都没有他的墓碑。帕乔利很可能是在罗马或其他城镇（比如说佛罗伦萨）去世的，而不是在圣塞波尔克罗。如果真是这样的话，帕乔利的遗体很可能没有被送回圣塞波尔克罗镇埋葬。

帕乔利在世时生活富裕，并且获得了他所应享有的高度声望。他的许多著作得到广泛流传，表明了他对他的时代作出的重大贡献。他致力于把理论应用于实践，并以通俗易懂的形式普及于平民百姓，这使他成为同时代杰出人物中的佼佼者。

泰勒在其介绍帕乔利生平一书中，非常确切地评述了这一文明时期以及帕乔利在其中的作用：

帕乔利生活在"意大利文艺复兴的黄金年代",即所谓"开拓人生真谛"的巅峰时代。令人惊叹的是,那么多的伟大人物都产生在这一时期。我们非常羡慕帕乔利在他的短暂的人生历程中能与众多的伟人相逢,这些伟人的名字在500多年之后仍然流传于全世界所有有才智的人们之间。我们可以见到帕乔利正在与尊贵的王子乌比诺公爵,与他的启蒙导师——艺术大师的鼻祖皮亚罗,与出身名门且才华横溢的擅长音乐、骑术和宫廷建筑的阿尔贝蒂,与既能制造飞行器又绘制了《蒙娜·丽莎》名画的那位安详和退隐的大胡子列奥纳多等人聚首谈话;总之,帕乔利与各领域希望改善现状并为将来留下财富的人们亲切交谈。我们非常钦佩他的博学多才。他时而著书,时而在大学讲课,时而与军事家策划攻城陷垒的战术,时而奋力沿着山路攀登难以接近的教堂去同艺术家交谈透视知识,时而和教士们讨论神学经典,时而进入平民百姓的小铺向商人们传授记账方法,时而停留在公共广场观看足球比赛或马术竞赛。

遗憾的是,我们接近这位伟人的途径,只能是阅读其在一生中所撰写的著作了。

经济学名著译丛

第一辑书目

凯恩斯的革命	〔美〕克莱因 著
亚洲的戏剧	〔瑞典〕冈纳·缪尔达尔 著
劳动价值学说的研究	〔英〕米克 著
实证经济学论文集	〔美〕米尔顿·弗里德曼 著
从马克思到凯恩斯十大经济学家	〔美〕约瑟夫·熊彼特 著
这一切是怎么开始的	〔美〕W.W.罗斯托 著
福利经济学评述	〔英〕李特尔 著
增长和发展	〔美〕费景汉 古斯塔夫·拉尼斯 著
伦理学与经济学	〔印度〕阿马蒂亚·森 著
印度的货币与金融	〔英〕约翰·梅纳德·凯恩斯 著

第二辑书目

社会主义和资本主义的比较	〔英〕阿瑟·塞西尔·庇古 著
通俗政治经济学	〔英〕托马斯·霍吉斯金 著
农业发展：国际前景	〔日〕速水佑次郎 〔美〕弗农·拉坦 著
增长的政治经济学	〔美〕保罗·巴兰 著
政治算术	〔英〕威廉·配第 著
歧视经济学	〔美〕加里·贝克尔 著
货币和信用理论	〔奥地利〕路德维希·冯·米塞斯 著
繁荣与萧条	〔美〕欧文·费雪 著
论失业问题	〔英〕阿瑟·塞西尔·庇古 著
十年来的新经济学	〔美〕詹姆斯·托宾 著

第三辑书目

劝说集	〔英〕约翰·梅纳德·凯恩斯 著
产业经济学	〔英〕阿尔弗雷德·马歇尔 玛丽·佩利·马歇尔 著
马歇尔经济论文集	〔英〕阿尔弗雷德·马歇尔 著
经济科学的最终基础	〔奥〕路德维希·冯·米塞斯 著
消费函数理论	〔美〕米尔顿·弗里德曼 著

货币、就业和通货膨胀	〔美〕罗伯特·巴罗　赫歇尔·格罗斯曼 著
论资本用于土地	〔英〕爱德华·威斯特 著
财富的科学	〔英〕J.A.·霍布森 著
国际经济秩序的演变	〔美〕阿瑟·刘易斯 著
发达与不发达问题的政治经济学	〔美〕查尔斯·K.威尔伯 编

第四辑书目

中华帝国的专制制度	〔法〕魁奈 著
政治经济学的特征与逻辑方法	〔英〕约翰·埃利奥特·凯尔恩斯 著
就业与均衡	〔英〕阿瑟·塞西尔·庇古 著
大众福利	〔西德〕路德维希·艾哈德 著
外围资本主义	〔阿根廷〕劳尔·普雷维什 著
资本积累论	〔英〕琼·罗宾逊 著
凯恩斯以后	〔英〕琼·罗宾逊 编
价值问题的论战	〔英〕伊恩·斯蒂德曼　〔美〕保罗·斯威齐等 著
现代经济周期理论	〔美〕罗伯特·巴罗 编
理性预期	〔美〕史蒂文·M.谢弗林 著

第五辑书目

宏观政策	〔英〕基思·卡思伯森 著
经济学的边际革命	〔英〕R.D.C.布莱克 A.W.科茨　克劳弗德·D.W.古德温 编
国民经济学讲义	〔瑞典〕克努特·维克塞尔 著
过去和现在的政治经济学	〔英〕L.罗宾斯 著
1914年以后的货币与外汇	〔瑞典〕古斯塔夫·卡塞尔 著
政治经济学的范围与方法	〔英〕约翰·内维尔·凯恩斯 著
政治经济学论文五篇	〔英〕马尔萨斯 著
资本和收入的性质	〔美〕欧文·费雪 著
政治经济学	〔波兰〕奥斯卡·R.兰格 著
伦巴第街	〔英〕沃尔特·白芝浩 著

第六辑书目

对人进行投资	〔美〕西奥多·舒尔茨 著

经济周期的规律与原因	〔美〕亨利·勒德韦尔·穆尔 著
美国经济史 上卷	〔美〕福克讷 著
美国经济史 下卷	〔美〕福克讷 著
垄断资本	〔美〕保罗·巴兰,保罗·斯威齐 著
帝国主义	〔英〕约翰·阿特金森·霍布森 著
社会主义	〔奥〕路德维希·冯·米塞斯 著
转变中的美国经济	〔美〕马丁·费尔德斯坦 编
凯恩斯经济学的危机	〔英〕约翰·希克斯 著
就业理论导论	〔英〕琼·罗宾逊 著

第七辑书目

社会科学方法论探究	〔奥〕卡尔·门格尔 著
货币与交换机制	〔英〕威廉·斯坦利·杰文斯 著
博弈论与经济模型	〔美〕戴维·M.克雷普斯 著
英国的经济组织	〔英〕威廉·詹姆斯·阿什利 著
赋税论 献给英明人士 货币略论	〔英〕威廉·配第 著
经济通史	〔德〕马克斯·韦伯 著
日本农业的发展过程	〔日〕东畑精一 著
经济思想史中的经济发展理论	〔英〕莱昂内尔·罗宾斯 著
传记集	〔英〕约翰·梅纳德·凯恩斯 著
工业与贸易	〔英〕马歇尔 著

第八辑书目

经济学说与方法史论	〔美〕约瑟夫·熊彼特 著
赫克歇尔-俄林贸易理论	〔瑞典〕伊·菲·赫克歇尔 戈特哈德·贝蒂·俄林 著
论马克思主义经济学	〔英〕琼·罗宾逊 著
政治经济学的自然体系	〔德〕弗里德里希·李斯特 著
经济表	〔法〕魁奈 著
政治经济学定义	〔英〕马尔萨斯 著
价值的尺度 论谷物法的影响 论地租的本质和过程	〔英〕马尔萨斯 著
新古典宏观经济学	〔美〕凯文·D.胡佛 著
制度的经济效应	〔瑞典〕托斯坦·佩森 〔意〕吉多·塔贝林尼 著

第九辑书目

资本积累论	〔德〕罗莎·卢森堡 著
凯恩斯、布卢姆斯伯里与《通论》	〔美〕皮耶罗·V.米尼 著
经济学的异端	〔英〕琼·罗宾逊 著
理论与历史	〔奥〕路德维希·冯·米塞斯 著
财产之起源与进化	〔法〕保罗·拉法格 著
货币数量论研究	〔美〕米尔顿·弗里德曼 编
就业利息和货币通论	〔英〕约翰·梅纳德·凯恩斯 著 徐毓枬 译
价格理论	〔美〕米尔顿·弗里德曼 著
产业革命	〔英〕阿诺德·汤因比 著
黄金与美元危机	〔美〕罗伯特·特里芬 著

第十辑书目

货币改革论	〔英〕约翰·梅纳德·凯恩斯 著
通货膨胀理论	〔奥〕赫尔穆特·弗里希 著
资本主义发展的长波	〔比〕欧内斯特·曼德尔 著
资产积累与经济活动/十年后的稳定化政策	〔美〕詹姆斯·托宾 著
旧世界 新前景	〔英〕爱德华·希思 著
货币的购买力	〔美〕欧文·费雪 著
社会科学中的自然实验设计	〔美〕萨德·邓宁 著
马克思《资本论》形成史	〔乌克兰〕罗斯多尔斯基 著
如何筹措战争费用	〔英〕约翰·梅纳德·凯恩斯 著
通向繁荣的途径	〔英〕约翰·梅纳德·凯恩斯 著

第十一辑书目

经济学的尴尬	〔英〕琼·罗宾逊 著
经济学精义	〔英〕阿尔弗雷德·马歇尔 著
更长远的观点——政治经济学批判论文集	〔美〕保罗·巴兰 著
经济变迁的演化理论	〔美〕理查德·R.纳尔逊 悉尼·G.温特 著
经济思想史	〔英〕埃里克·罗尔 著
人口增长经济学	〔美〕朱利安·L.西蒙 著
长波周期	〔俄〕尼古拉·D.康德拉季耶夫 著

自由竞争的经济政策	〔美〕亨利·西蒙斯 著
社会改革方法	〔英〕威廉·斯坦利·杰文斯 著
人类行为	〔奥〕路德维希·冯·米塞斯 著

第十二辑书目

自然的经济体系	〔美〕唐纳德·沃斯特 著
产业革命	〔美〕查尔斯·A.比尔德 著
当代经济思想	〔美〕悉尼·温特劳布 编
论机器和制造业的经济	〔英〕查尔斯·巴贝奇 著
微积分的计算	〔美〕欧文·费雪 著
和约的经济后果	〔英〕约翰·梅纳德·凯恩斯 著
国际经济政策理论（第一卷）：国际收支	〔英〕詹姆斯·爱德华·米德 著
国际经济政策理论（第二卷）：贸易与福利	〔英〕詹姆斯·爱德华·米德 著
投入产出经济学（第二版）	〔美〕沃西里·里昂惕夫 著

图书在版编目（CIP）数据

簿记论／（意）卢卡·帕乔利著；林志军，李若山，李松玉译．－－北京：商务印书馆，2025．－－（经济学名著译丛）．－－ISBN 978-7-100-24792-4

Ⅰ．F230

中国国家版本馆CIP数据核字第2024CB6799号

权利保留，侵权必究。

经济学名著译丛

簿记论

〔意〕卢卡·帕乔利 著
林志军 李若山 李松玉 译
常 勋 葛家澍 校

商 务 印 书 馆 出 版
（北京王府井大街36号 邮政编码100710）
商 务 印 书 馆 发 行
北京市艺辉印刷有限公司印刷
ISBN 978-7-100-24792-4

2025年3月第1版　　　开本 850×1168　1/32
2025年3月北京第1次印刷　印张 5⅝
定价：38.00元